教育部人文社会科学项目

浙江省哲学社会科学重点研究基地——浙江财经学院政府管制与公共政策研究中心 | 研究成果
浙江省高校人文社会科学重点研究基地——产业经济学

政策供给与制度安排：
征地管制变迁的田野调查
——以浙江为例

鲍海君/著

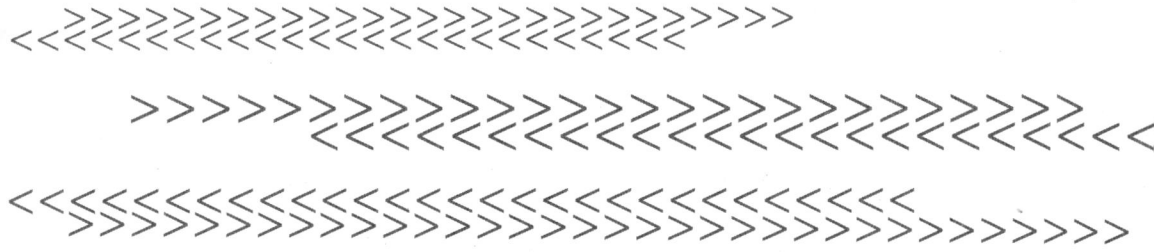

经济管理出版社
ECONOMY & MANAGEMENT PUBLISHING HOUSE

图书在版编目（CIP）数据

政策供给与制度安排：征地管制变迁的田野调查——以浙江为例/鲍海君著. —北京：经济管理出版社，2012.4
ISBN 978-7-5096-1885-1

Ⅰ.①政… Ⅱ.①鲍… Ⅲ.①土地征用－土地制度－调查研究－浙江省 Ⅳ.①F321.1

中国版本图书馆CIP数据核字（2012）第075076号

责任编辑：张　艳
责任印制：黄　铄
责任校对：超　凡

出版发行：经济管理出版社（北京市海淀区北蜂窝8号中雅大厦11层　100038）
网　　址：www.E-mp.com.cn
电　　话：(010)51915602
印　　刷：三河市延风印装厂
经　　销：新华书店
开　　本：720mm×1000mm/16
印　　张：13.5
字　　数：200千字
版　　次：2012年7月第1版　2012年7月第1次印刷
书　　号：ISBN 978-7-5096-1885-1
定　　价：35.00元

·版权所有　翻印必究·
凡购本社图书，如有印装错误，由本社读者服务部负责调换。
联系地址：北京阜外月坛北小街2号
电话：(010)68022974　邮编：100836

内容提要

我国城市化、工业化的飞速发展，带来了大量农村土地的征收转用，并产生了众多的失地农民。现行征地管制体制使得各利益集团在城市化进程中不断侵蚀模糊农民集体所有的土地产权，失地农民的利益难以得到有效保障，导致征地矛盾不断升级，群体性事件频发。本书首先从地租理论、产权理论以及政府管制理论出发，提出了征地管制政策供给与制度安排的分析框架和理论假设。然后，通过对浙江省各地市以及浙江省10多个县（市）20余个村庄800余位农民的详细田野调查，描绘了浙江省各地征地管制变迁的路线图，查明了不同群体农民对征地管制变迁的认知与反应。田野调查还发现，城市化的推进使得城郊大量名特优产品基地被征收转用，造成名特优产品基地不断缩小，产品品质下降，这种现象亟待引起重视。最后，本书在借鉴境外征地经验的基础上，对我国征地管制的政策供给和制度安排作了详尽分析，提出了经济性征地管制政策、社会性征地管制政策以及对征地"管制者"的管制政策的建议；并根据国际上政府管制的发展动态，展望了我国征地管制的趋势，即征地治理机制的多元化趋势、征地管制的一体化趋势、征地管制的社会化趋势以及征地管制的绩效化趋势。

目 录

第一章 导论 …………………………………………………………… 1

第二章 征地管制的分析框架 …………………………………………… 5

    第一节 地租理论与征地制度改革分析 ……………………………… 5
    第二节 政府管制理论与征地制度改革分析………………………… 14
    第三节 产权理论与征地制度改革分析 …………………………… 31

第三章 我国征地制度变迁的回顾与评价 ……………………………… 51

    第一节 新中国成立以来我国征地制度的变迁……………………… 51
    第二节 现行征地补偿的问题剖析 ………………………………… 57
    第三节 现行征地程序的问题剖析 ………………………………… 64
    第四节 现行征地安置的问题剖析 ………………………………… 68
    第五节 我国征地补偿与安置的特殊性……………………………… 72

第四章 浙江省各地征地管制政策变迁的探索与实践 ………………… 79

    第一节 杭州市征地管制政策改革的探索与实践…………………… 79
    第二节 丽水市征地补偿区片综合价的探索与实践………………… 92
    第三节 温州乐清市留地补偿的探索与实践………………………… 95
    第四节 台州温岭市征地社会性管制政策改革的探索与实践……… 97
    第五节 金华市征地管制政策改革的探索与实践 ………………… 100
    第六节 衢州市征地管制政策改革的探索与实践 ………………… 103

第五章 浙江省不同农民群体对征地管制变迁的认知与反应 … 125

第一节 浙江省征地管制变迁梗概 … 125
第二节 浙江省不同农民群体对征地后土地增值的认知与反应 … 126
第三节 浙江省不同农民群体对失地农民生活保障制度的
　　　　认知与反应 … 136

第六章 征地管制的政策供给与制度安排 … 145

第一节 经济性征地管制政策供给与制度安排 … 145
第二节 社会性征地管制政策供给与制度安排 … 155
第三节 对征地"管制者"的管制政策供给与制度安排 … 168
第四节 征地管制的趋势与展望 … 170

附录 境外征地的经验与借鉴 … 177

第一节 征地补偿的标准与范围 … 177
第二节 征地补偿的方式 … 186
第三节 征地补偿支付时间 … 188
第四节 土地征收程序 … 189
第五节 土地增值分配 … 192
第六节 征地补偿纠纷的解决途径 … 196
第七节 对我国征地制度改革的启示 … 197

参考文献 … 199

后记 … 207

第一章　导论

20世纪80年代以来的改革开放，打开了国门和城门，在城市实现了较大程度的开放。尤其是党的十三届四中全会以来，我国城市经济更是得到了长足的发展，城市综合实力进一步增强，城市建设日新月异，城市在整个国民经济发展中扮演着越来越重要的角色，城市化水平得到了较大的提高。据国家统计局网站提供的数据统计，1990~2006年的17年间，我国地级城市数量由188个增加到286个，市区非农业人口超百万人的特大城市由31个增加到117个。2006年，地级城市建成区面积达33659.8平方公里，人口密度达到2238.2人/平方公里，城市化水平已达到43.9%[①]。

城市化既是人口的城市化，同时又是土地的城市化。而且，我国的城市土地扩张速度远远高于城市人口增长速度。如2000年我国城市土地面积是2.24万平方公里，到2003年达到2.83万平方公里，城市土地面积扩张的速度平均年增长为8.8%[②]。

在城市化的推进过程中，城市的扩张带来了大量农村土地的转用，并产生了众多的失地农民。据国土资源部统计，从1987年到2001年，全国非农建设占用了3300多万亩耕地，近7成是政府用行政方式征占土地。到2004年，全国失地农民总数在4000万人左右，每年还要新增200多万人（张喆，2004）。对4000余万农民失地这个数据，有人认为这还是一个保守的说法。进入20世纪90年代后全国大搞开发区，最高峰时开发区多达8000多个，当时全国每年流失的耕地数量为1000万亩以上，人为征占为500万亩，按人均两亩地计算，13年间全国失地农民数量起码达6500万人。东部一些发达地

---

① 国家统计局网站，www.stats.gov.cn。
② 《2004年国土资源报告》，地质出版社，2004。

区，人均耕地不足 1 亩，失地农民的系数就更高。因此，由此可以推断，从 1990 年至今制造的失地农民已经远远超过 4000 万人（杨盛海、曹金波，2004）。我国有 13 亿人口，其中有 8 亿人是农民，在城市化进程中，我国将有近 6 亿农民成为失去土地的农民，他们必须逐渐从农民转变为市民（陆福兴、杨盛海，2004）。另外，按照《全国土地利用总体规划纲要》，2000～2030 年占用耕地将超过 5450 万亩。届时，我国的失地农民将超过 1 亿人，而将有一半以上的农民既失地又失业。

"十一五"期间，随着城市化的不断推进，我国失地农民还将持续增加，给社会带来的压力也将越来越大。在城市化进程中保护好失地农民的利益，对于确保社会稳定、建设和谐社会至关重要（李元，2005）。

尽管各地都在强调失地农民利益，但各利益集团在城市化进程中不断侵蚀模糊农民集体所有的土地产权，试看下述案例。

案例 1-1 山东新泰的违法征地

2003 年 2 月，新泰市谷里镇北谷里村 188 户村民的约 77.74 亩耕地被山东升华玻璃制品有限公司（以下简称"升华公司"）占用了，在没有和村民签订任何征地协议的情况下，该公司就在耕地里办起了奠基仪式，新泰市几大班子的领导都出席了。随后，村民们将非法占地之事举报到新泰市国土资源局。该局调查发现，征地方没有征地手续，遂要求其立即停工。但升华公司依然施工，令人惊奇的是，派出所的警车在现场为其"保驾护航"。此后，村民们一直没有放弃利用各种手段为自己的土地讨说法。上访、起诉，向媒体、专家投诉，但种种努力都没有改变现状——他们的土地被圈在铁丝网里，大部分都已杂草丛生，如图 1-1 所示。

图1-1 北谷里村铁丝网里的荒芜耕地

而就在北谷里的邻村，又有一个2002年秋后才以"以租代征"的形式取得土地的公司盖起了新厂房，而其产品与升华公司几乎一样。在镇卫生院后面的3家厂子，被当地村民称作镇里的开发区，同样也是以"以租代征"的形式获得土地的。

村民们从村会计牛先华那里找到了答案。有村民问："我的承包地每人244平方米，咱村为什么按0.7亩算？"牛会计回答："按各组报的数。"村民再问："是不是咱村街道两旁商业区和镇开发区都没去掉？"牛会计答："因没有手续，没有上报国土局。"村民又问："镇开发区没有手续怎么能占地呢？"牛会计答："都是租用的，咱市里不是都这样办吗？"村民提出质疑："按国家政策，租用的土地不是不能用于非农建设吗？"牛会计沉默了。村民们要求看看村里的档案，遭到拒绝，说必须得书记或村主任批准才行。

在新泰，耕地遭到蚕食的，绝不止一个北谷里村。作为县级市，新泰市已经有了一个颇具规模的省级开发区，规划面积24平方公里，实际利用面积19平方公里。这个开发区马路宽阔，厂区宽大，一条发展大道据称有120米宽。

> 但让人困惑的是，这个县级市已经有了一个省级开发区，仍然不够用。我们看到新泰市多个乡镇都有成片的厂房。从济南出发，在新泰的果都收费站下了高速公路，经过果都、羊流、西张庄镇，公路两旁随处可见厂房、民房或者大片的杨树，偶尔才看得到一片绿色的麦田。有不少厂房除了门口的守门人，都看不到里面有人干活，甚至有的已经锁上了大门。
>
> 西张庄镇政府刚刚搬进新建的办公大楼，原来位于镇中心的4层办公大楼现在成了镇卫生院。新建的办公楼包括一幢6层高的办公大楼和一幢两层高的为民服务代理大厅，新的办公楼隔着一条公路就是农田，而宽阔的公路上几乎连个人影都很难看到。
>
> 据有关人士介绍，2001年，新泰市政府曾经确定了12个乡镇建设开发区，后来国家要求取缔乡镇开发区，2003年新泰市政府又出台文件取消了这一批乡镇开发区。牌子虽然摘了，但建设仍在继续。在新汶街道办事处的良达工业园，新近竖起了几根建厂房的柱子。附近的村民说，这是刚刚才被征收的，一年一亩地给800元。
>
> 从2003年2月至今，除去被劳动教养的1年零9个月，山东省新泰市谷里镇北谷里村村民张洪尚一直没有停止为自己失去的土地讨个说法。但让他失望的是，4年过去了，却丝毫没有改变他们土地被违法占用的命运。
>
> 资料来源：朱丽亚：《山东新泰征地调查》，《中国青年报》，2007年12月24日。

实际上，土地征而不用、多征少用等违法用地现象在全国十分普遍，县市政府、乡镇政府，甚至村委会都是违法征地的主体，许多村委会在当地政府的默许下以村委会的名义向村民征购土地然后转手赚钱，产生了大量隐性失地农民，导致征地矛盾不断升级，群体性事件频发。

这一现象的产生与现行征地中政府管制政策密切相关，本书将从地租理论、产权理论以及政府管制理论出发，通过浙江省各地的田野调查，对征地中的政府管制政策进行分析、评价并提出相关的制度安排。

第二章 征地管制的分析框架

本章从地租理论、政府管制理论和产权理论出发,认为从地租理论的角度看,农地征收转用的增值收益,主要是级差地租Ⅱ,这部分收益大部分应归社会,但应建立土地所有者和使用者共享社会发展成果的机制。农村集体土地作为生产要素之一,是农民的财产,从土地产权角度看应该容许农民凭借这个财产权参与增值分配。否则,在我国社会主义市场经济下,资金和劳动力这些生产要素可以参与分配而不允许土地这一生产要素参与分配是不公平的,也是不符合市场经济原则的。因此,尽管由于农地征收转用存在很强的外部性而需要政府进行调控和管制,以弥补市场机制的不足,但是,政府对农地征收转用的管制,应选择确定产权规则从而让大家在明确而有预期的规则下使用土地,而不是选择在模糊而充满不确定性的规则下让大家凭借其政治力量角逐征地中的公共租金。如果政府管制使农地产权界定得更加清晰,那么这种管制就会缩小公共域的范围,进而减少租金消散。相反,如果政府管制使征地中公共域产生或更大程度地产生,那么将不可避免或更大程度地发生租金消散。因此,需要追踪政府管制理论的发展动态,放松征地中的经济性管制,允许农民凭借土地产权分享农地征收转用中的增值收益,加强征地中的社会性管制,落实"以工补农,以城促乡"政策,统筹城乡发展,促进和谐社会建设。

第一节 地租理论与征地制度改革分析

"地租"(rent)一词创于12世纪的法国,来自拉丁语 rendita,意思是指报酬或者收益。就各种社会形态下地租的一般特征来讲,地租是直接生产者在农业或其他产业中所创造的生产物被土地所有者占有的部分,是土地所有权在经济上实现的形式。地租理论一直是经济学中最重要的理论之一,同时又是征地补偿的理论依据之一,历史上有很多关于这方面的学说和理论,所谓仁者见仁、智者见智。

一、地租理论的发展

(一) 古典地租理论

英国古典政治经济学派威廉·配第最早提出地租理论。威廉·配第认为地租是农地生产作物的一种剩余或净报酬,阐述了级差地租Ⅰ、Ⅱ的基本原理。

理查德·坎蒂隆(Richard Cantilon)提出地租是剩余扣除利润的余额,对威廉·配第理论进行了补充。

此后,英国古典政治经济学派亚当·斯密、法国农业学派杜尔阁、美国经济学家詹姆斯·安得森、英国古典经济学理论完成者大卫·李嘉图、法国古典经济学派让·巴蒂斯特·萨伊(Jean Baptiste Say)等,对古典地租理论的发展和完善作出了不同程度的贡献(莫尔豪斯·伊利,1982;保罗·A.萨谬尔森等,1982)。

(二) 现代西方地租理论

现代西方地租理论的发展趋势之一,是在深化地租与地价研究的基础上,开始对城市地租的探讨。自19世纪后期,在世界范围的城市化进程中,城市用地与农业用地矛盾日益紧张,在比较利益的驱使下,大量农业用地变为非农业用地,城市在人文景观上的地位日渐突出,从而引起许多经济学家对城市问题的关注。

英国经济学家阿尔弗雷德·马歇尔运用边际分析和供求分析综合起来分析地租地价;美国经济学家约翰·B.克拉克用边际分析、数量分析以及报酬递减规律论证了地租地价问题；英国经济学家赫德运用区位理论分析了地租问题；美国经济学家威廉·阿朗索（Willian Alonson）利用数学模型，根据假设条件，揭示地租的成因、结构和地价的空间分布。上述研究使地租理论向更广阔的领域延展。

（三）当代西方地租理论

当代美国著名经济学家保罗·A. 萨谬尔森认为，地租是为使用土地付出的代价，土地供给数量是固定的，可以利用地租和生产要素的价格来分配稀缺的资源，而不收取地租会造成缺乏效率的或不适应的使用方法。

美国土地经济学家雷利·巴洛维认为，地租可以简单地看做是一种经济体系，即总产值或者总收益减去总要素成本或总成本之后余下的那一部分，各类土地上的地租额取决于产品价格水平和成本之间的关系。

上述两位代表人物继承了现代西方经济学关于地租研究的某些观点，把地租放在市场体系中进行研究，其研究方法对于研究我国地租问题以及征地补偿问题具有重要的借鉴意义。

（四）马克思地租理论

马克思认为，地租是土地所有权在经济上的实现，地租分为绝对地租和级差地租。绝对地租是土地所有权垄断的结果，而级差地租是土地的资本主义经营垄断的结果。实质都是工人劳动创造的剩余价值的一部分。但绝对地租是农产品的价值超过生产价格或农产品价格高于其价值的那部分剩余价值，而级差地租则是农产品的社会价值总和大于其个别价值总和的那部分剩余价值。绝对地租和级差地租都与土地所有权有联系，但在绝对地租情况下，它是由土地所有权直接形成。而在级差地租的情况下，土地所有权只是把超额利润从农业资本家手中转到土地所有者手中的原因，在没有土地所有权的情况下，也能产生超额利润。绝对地租是任何等级土地都必须支付的地租，而级差地租不是任何土地都能提供的。

此外，还有一种被马克思称为特殊形式的地租，即垄断地租。它是地租的一种特殊形式，指从具有独特自然条件的土地上所获得的超额利润转化而来的地租。垄断地租不是任何土地都能产生的，它只产生于具有某种独特自然条件的土地。如只有某些土地能生产某类珍贵产品（如人参、名茶等）。这类土地面积有限，利用这种土地生产的商品具有独特的品质，而且产量有限，供不应求，产品的出售价格主要由购买者的爱好程度和支付能力决定，从而形成一种同产品价值决定无关的、大大高于生产价格的垄断价格。这个垄断价格带来的超额利润，不归租地资本家占有，而由资本家转交给土地所有者，形成垄断地租。正如马克思所说："一个葡萄园在它所产的葡萄酒特别好时（这种葡萄酒一般说来只能进行比较小量的生产），就会提供一个垄断价格。由于这个垄断价格（它超过产品价值的余额，只决定于高贵的饮酒者的财富和嗜好），葡萄种植者将实现一个相当大的超额利润。这种在这里由垄断价格产生的超额利润，由于土地所有者对这块具有独特性质的土地的所有权而转化为地租，并以这种形式落入土地所有者中。因此，在这里，是垄断价格产生地租。"（《马克思恩格斯全集》第25卷，第873页）。在资本主义社会，其他具有独特自然条件的土地，如生产某种稀有金属的矿山地段，某些旅游胜地的建筑地段，经营者都能依据其特有条件确定垄断价格，获得超额利润。这类独特土地上的超额利润，也会转为垄断地租。垄断地租不同于级差地租，也不同于绝对地租，它不是资本主义的正常地租形式，而是一种特殊地租形式，是资本主义生产关系中的一种特殊现象。垄断地租会因竞争规律的影响及购买者的需要和支付能力的变化而变化。土地所有权的存在，决定了这种垄断超额利润最终转化为垄断地租归土地所有者占有。

马克思主义的地租理论是在批判和继承古典地租理论的基础上创立的，并赋予了地租理论崭新的科学内容。马克思和恩格斯把劳动价值论贯彻于地租理论的始终，指出资本主义地租是剩余价值的转化形式之一，土地价格是地租的资本化。

二、征地后土地转用增值与级差地租分享

在征地补偿问题的研究上，许多学者都认识到我国现行的征地补偿明显留有计划经济时代的痕迹，存在着征地补偿标准不科学、补偿内容不完整、

补偿的范围不明确、补偿费用偏低等问题。而伴随着土地的征收征用，土地具有的作为农民赖以生存的社会保障功能和生产资料功能随之消失。这些都使得农民在失去土地后的生活得不到保障，农民在得不到长远生活保障的时候却发现农地转用后的巨额增值，造成心理上极大的不平衡，巨大的心理落差和征地后生活贫困，使得失地农民成为社会不稳定的因素之一。为了更好地解决失地农民的生活和征地补偿中出现的问题，学者们把研究的焦点逐渐集中在这部分巨额土地增值的分配问题上。能否很好地解决征地补偿的问题，在很大程度上取决于能否找到妥善的办法来解决农地转用增值分配问题。

在对增值收益分配问题上，借鉴了国外发达国家和我国台湾地区农地转用增值分配的实践经验并根据土地产权理论、特别牺牲学说等理论，国内外形成3种观点：涨价归公、涨价归农、涨价分享。

支持"涨价归农"的学者（刘正山，2005；郑振源，2006）给出如下理由：

（1）土地非农开发权补偿论。这是从产权角度来论述的主张，认为农民所拥有的土地产权应当是完整的——除了一般地拥有农地的占有、使用、收益、处分等项权利之外，还应当特别提到拥有"土地非农开发权"。农地无论以何种方式转变为非农用地，原所有者都应当获得"土地非农开发权价格"即"非农地价格"，只有这样才算"产权完整"。

（2）农地资源价值补偿论。这种观点认为，农地具有直接使用价值、选择价值、存在价值等，并认为农地所有者应当获得反映土地直接使用价值和选择价值的地价。

（3）农民对集体土地代代耕种、辈辈相传，土地之于农民具有其他资产所不能代替的生产功能、保障功能和归依功能，农民为公共利益和地方社会经济发展放弃了对土地的占有，本身已作出巨大牺牲，国家理应作出相应的补偿，将土地增值收益完全还利于农民。

（4）根据竞标地租理论证明，区位和投标地租及其资本化的地价决定农地会不会"转非"，是区位决定地租、地价，地租、地价又决定了用途，所以农地"涨价"是在区位改善获得外部经济效益时就已经涨了，并不是"农地转非后"才涨的。所以农民应该得到这部分的涨价，因为在农民拥有这块土地的时候就已经涨价了,而不是转用后才涨价的。

支持"涨价归公"的学者(周诚等,2005)给出如下理由:

(1)美国经济学家亨利·乔治在他1882年出版的《进步与贫困》里认为社会财富的增加,技术不断的进步,垄断地租的不断上升,地主坐享其乐,不劳而获,而工人却日趋穷困,极不合理,所以他认为土地的"私有是盗窃,地租是赃物"。于是,他主张没收全部地租,抽土地单一税。

(2)孙中山的"平均地权"理论认为地价高涨,是由于社会改良和工商业进步。这种进步和改良的功劳,还是由众人的力量经营而来的,所以由这种改良和进步之后,所高涨的地价,应该归之大众,不应该归之私人。

(3)辐射性增值。各种非农建设项目的功能,直接改善了非农建设用地的"使用价值",即交通、供电、货源、客源等方面的改善,使得用户获得种种便利,从而对这些土地的需求量增加,而土地的固定性则决定了位置优良的土地的有限性并造成价格明显上扬。这样的增值完全来源于整个社会的经济发展,从而土地的这部分增值收益应当归社会所有。

(4)国家对交通道路、绿化、供水供电等基础设施和公共设施进行了配套建设并转变了土地用途的缘故,因此,农用地被征用后所带来的巨大的增值收益应该归国家所有。

(5)土地是在农用地转建设用地后才产生涨价的,不是土地占有人所创造的,应当"涨价归公"。

支持"涨价分享"的学者(周诚,2006;姜开勤,2004;钟水映,2006;等等)认为土地增值的原因是多样的,而农民和国家在"涨价"分配的问题上应该按照增值中谁起作用、收益就归谁的原则来分配。

(1)土地直接投资增值。土地中客观凝结着农民及农民集体"物化劳动",由于农民对土地的贡献所导致的增值应该归农民和农民集体所有。

(2)土地间接投资增值。土地利用具有外部性的特点,周边基础设施的改善对土地也发挥着辐射作用,相当于对土地进行了间接投资。这些间接投资主要是国家对基础设施、公共设施等的不断投入而使投资环境不断改善。而投资环境的改善无疑会提高土地的利用能力、经济效益,进而引致土地增值。这部分的增值应该归国家所有。

(3) 农用地非农建设发展权收益增值。我国农村集体土地所有权是不完全的所有权，其本身不含有农用地非农建设发展权，集体土地承包经营也是如此，土地发展权为国家所有。而土地征收征用，不仅涉及集体土地所有权的转移，还涉及土地用途的转变。而土地用途的转变会引发土地的增值。所以这部分增值应该归国家所有。

(4) 土地自然增值。随着社会经济的发展和人口的增长，人们对土地的需求日益增加，但由于土地具有面积有限和位置固定的特点，因此从一个较长时期来看，土地市场将逐渐出现相对无限的需求与相对有限的土地自然供给的局面，即求大于供，导致土地价格上涨。这部分增值仅是由社会经济的发展所引致的，因此，该增值归国家所有。

(5) 征地不完全补偿"增值"。我国的征地补偿是不完全的补偿，加上一定程度上人为降低征地补偿标准甚至层层克扣征地补偿费用现象的存在，使得征地成本极低，而土地征用后国家又以市场的价格出让给地方。出让价格与征地成本价之间相差悬殊。这个部分的增值应该还给农民。

区别土地增值的不同原因，并将由不同原因导致的土地增值归不同的主体，让农民和国家分享这部分增值收益。

尽管对于农地转用增值收益分配存在上述3种不同观点，但随着社会的发展和争论的深入，学术界逐渐倾向于"涨价分享"的理念，如周诚教授对于增值收益分配从"涨价归公"转向现在的"全面产权观"，即"涨价分享"。

除了学术界，政府的征地实践也趋向于"涨价分享"。中央政府连续多年的"一号文件"关注农村问题，提出让农民共享社会发展成果。同时，《物权法》中规定了农村集体所有权、土地承包经营权、宅基地使用权等农民的一系列权利，同时对普遍关注的征收中农民利益的保护做了详细的规定。因此，《物权法》的制定无疑为我国农村经济社会发展和保护农民权益提供了更加坚实的法律基础，也反映和体现了现阶段党和政府让农民共享社会发展成果的政策意图。自然，在土地增值收益的问题上，也更倾向于让农民参与分享。

实际上，许多地方政府已经开始实行由国家、农村集体组织、失地农民和用地方共同分享土地增值收益。对失地农民而言，土地的增值收益应该可以采用土地入股、证券化等方式，譬如南海土地股份制。还有就是对农民生活保障制度的建立，例如，浙江采取"中央和地方政府从土地收益中出一部分，农村集体土地征用费用中提留一部分，农民自己再交纳一部分"的办法，把失地农民全部纳入社会保障体系中。除此之外，江苏省昆山市建立了持续性补偿制度，对失地农民的补偿实行"三六九"政策，即每年每亩责任田补偿300元、自留地600元、口粮田900元，并随经济增长而逐年提高补偿标准。这样，农民的生活持续有保障，并且能够分享到社会发展的成果。

"涨价分享"是一个能体现国家政策意图和保障农民权利，又不失公平的农地转用收益分配原则，将是今后的一个分配趋势。在征地过程中，应该让农民在城市化过程中分享级差地租和"涨价"，共享社会发展成果。

级差地租的形成是因为土地等级不同而引起数量不等的地租，这部分地租归土地所有者占有。在不同的地块上进行等量投资，由于土地肥力的大小和土地优势所形成的归土地所有者占有的超额利润，就是级差地租Ⅰ。生产率不同的各个资本连续投在同一地块上形成的归土地所有者占有的超额利润，即级差地租Ⅱ。级差地租Ⅰ是以土地的自然丰度为基础的，级差地租Ⅱ则以土地的经济丰度为基础。下文所述的级差地租主要是指级差地租Ⅱ。

在城市化进程中，级差地租发生两次增值，第一次是征地前，征地以前一方面政府要进行规划，另一方面由于城市化的发展，土地受到外部因素影响，土地价格本身已经增加，级差地租增值。第二次增值是政府征地以后，由于政府的经营和实际规划，各项基础设施建设全面铺开，土地价格再次升值，级差地租第二次增值。

在城市化进程中，级差地租发生两次增值，大部分归国家所有，用于城市建设、现代化建设，是合理的、必要的。因为级差地租的上涨，是由于国家推行城市化战略，国家在许多地方投资交通、水电、通信设施时，城市建设、现代化建设，也需要大量的资金。这种建设给全民带来利益，也给当地原来的居民带来利益。但马克思地租理论告诉我们，地租是土地所有权在经济上的实现。社会主义存在土地所有权，也存在地租问题，农民的生活依靠土地，离开土地要能得到应有的补偿，并得到妥善安置。

在市场经济条件下，土地所有权是一种财产权，其派生的使用权也是一种财产权，对土地使用权的拥有同样意味着可以从中获得权利、利益和收益。也就是说，土地所有者不是级差地租的唯一占有者。当土地级差地租增值，土地收益增加时，土地的使用者也应该和土地的所有者一起共同分享增加的这部分级差地租。换句话说就是，土地的使用者也应该占有部分级差地租，级差地租应该在土地所有者和使用者之间合理分配。

级差地租的增值有两个部分，一个是征地以前，这时候拥有土地的使用者农民应当参与增加的级差地租的分配；另一个是征地以后，这时候土地的所有权发生变化，土地归国家所有，这个阶段增加的级差地租也应该考虑到原来的农民的利益，这是因为：

（1）土地是稀缺资源，而且随着城市化的进程加快，土地有增值的趋势，在市场经济条件下，原有的土地使用者和政府具有同样平等的地位，那么土地的使用者放弃了原来应该享受到的土地利益，也就是土地的机会成本利益，政府在征地的时候应当考虑到原有土地使用者在这个阶段的潜在利益。

（2）农民长期被排除在社会保障体系外，土地对农民而言起着养老保险和失业保险的双重功能。土地被征收以后，农民家庭保障最基本的经济基础失去了，政府应该对农民失去土地的机会成本利益加以补偿。

因此，本书认为"涨价归公"不等于涨价完全归公，任何国家或地区实行土地增值税税率都不可能是100%。涨价事实上并未完全归公，征地中土地用途转换产生的增值收益被政府和用地单位分享了，作为土地所有者的农民（集体）也应获得相应比例的"涨价"和级差地租Ⅱ（见图2-1）。

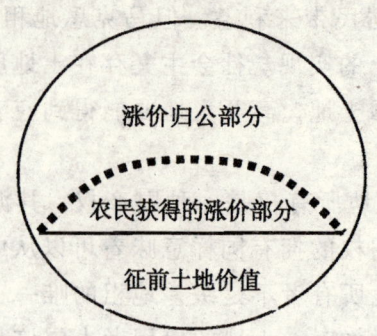

图 2-1 征地补偿中"涨价"的分享

三、垄断地租与征地补偿

垄断地租是在特殊的自然、经济条件下产生的超额利润。在我国，土地属于国家所有和农民集体所有，名特优产品基地的垄断地租理论上应由国家和农民集体分享。由于租税费体系混乱，国家实际上以农业特产税的形式分享垄断地租，农民集体则以村提留的方式分享。农业特产税于2002年在浙江等地取消征收后，生产名特优产品带来的垄断地租实际上由当地农民占有。

当前，由于没有考虑垄断地租，一旦名特优产品基地被征收，其补偿标准与其他土地一样，这是极不公平的。因此，建议对名特优产品基地的征收增加垄断地租补偿，以保护优质耕地和农民利益。

第二节 政府管制理论与征地制度改革分析

一、政府管制理论的发展

从20世纪70年代开始，政府管制成为西方发达国家学术界的一个热点。诺贝尔经济学奖获得者乔治·施蒂格勒于1971年发表的《经济管制理论》对政府管制经济学的形成与发展产生了极为重要的作用（Stigler, G. J.,

1971)。基于垄断、外部性、公共物品以及信息不对称等市场失灵现象而产生了政府管制的需要。

一般来说，政府干预企业经济活动的方式主要有以下几种：

第一，利用普通法、反托拉斯法经由法院间接干预企业经济活动。

第二，利用财政、货币政策，通过市场干预企业经济活动。

第三，通过国有化直接干预企业经济活动。

第四，通过管制机构直接干预企业经济活动。

其中，前三种干预经济的活动基本上可以归为政府的宏观行为，反托拉斯和管制属于政府的微观行为。因此，从政府干预经济的性质来看，可分为两大方面：宏观调控和微观管制。

在当代西方主流经济学中，宏观调控是指凯恩斯主义经济学提出的宏观需求管理政策和供给学派经济学提出的供给管理政策（刘伟，2007）。凯恩斯学派提出，政府可以通过采取货币政策、财政政策对总需求施加收缩性或扩张性管理，从而影响实际经济活动，并熨平经济波动周期。供给学派强调减低税率的方式来刺激经济、增加就业，从而实现均衡。总之，西方国家的宏观调控政策试图改变对微观经济活动主体的激励，而不是干预其具体目标，其目的是通过微观经济活动主体的激励体系变动，影响投资、消费、出口、就业、GDP等经济总量的变动。在西方发达国家，与宏观调控相配合的是微观管制，即政府管制。

政府管制是具有法律地位的、相对独立的政府管制者（机构），依照一定的法规对被管制者所采取的一系列行政管理与监督行为（王俊豪，2004）。由于政府管制涉及经济、政治、法律等方面的内容，因而政府管制理论是综合性的，如政府管制政策的制定与实施要以经济学原理为依据。政府管制行为本身就是一种政治行为，无不体现着各级政府的政治倾向。政府管制者必须以一定的法律授权，取得法律地位，明确其权力和职责。

在西方的政府管制研究中，许多学者从不同角度应用了不同的理论来进行分析，主要包括公共利益理论、集团利益理论和公共选择理论。

（一）政府管制的公共利益理论

公共利益理论最早是由弗朗西斯·亚当斯与布兰代斯法官提出的，是20

世纪30年代美国广泛实施政府管制改革的理论基础,属于正统的管制理论,它可以从市场失灵中导出,并且认为自由市场运作本身存在着缺陷和无效性,为了矫正这种市场缺陷,需要政府管制的介入,以提高整体社会福利水平。该理论有两个基本的前提假设:自由的市场交易系统是脆弱的,常常会出现低效甚至无效运行的情况;政府管制本身是低成本或者无成本的。由于政府代表的是公共利益,所以,应该由政府采取管制行动来提高市场低效率和弥补不公平的缺陷。这一理论指导下的政府管制主要的做法是定价、反垄断、质量保障、服务保障等,最能体现政府管制公共利益原则的是政府的反垄断措施。然而,正因为政府管制的公共利益论的"纯洁",导致这种理论受到了许多批评(王俊豪,2004)。

(二) 政府管制的利益集团理论

在西方政治学中,利益集团一般又被称为压力集团,通常指有某种共同目标并试图对公共政策施加影响的有组织的实体,其代表人物是坎贝尔。利益集团理论认为,管制是利益集团之间竞争压力的外在反映,其目的是为了提高具有较大影响力的集团的财富,管制的政策目标实质上是各利益集团之间相互斗争的结果。然而,管制政策的形成过程中有众多的参与者,利益集团若要对管制政策施加影响,必须具备适当的条件:一方面,利益集团必须对选举结果有强大影响;另一方面,立法者必须完全被利益集团的支持减少的压力所制约(施蒂格勒,1996)。

(三) 政府管制的公共选择理论

公共选择理论产生于20世纪40年代末,以布坎南为主要代表人物,是以传统"经济人"的假设为基本前提。公共选择理论把政治、制度的因素看做经济过程的内生变量,把政府行为和制度因素纳入经济学分析的框架之中,较好地反映了当代社会中政治与经济的关系。公共选择理论认为政府运作必须遵循理性原则,政府机构及其官员在许多情况下必须考虑成本问题,政府管制力求以最小的代价获取最大的利益。公共选择理论颇为深刻的分析在客观上打破了政府及官员一心为公的神话,指出了投票规则的缺陷、利益集团的影响、政治家和官员的自身利益等因素的存在，必然产生无效或低效甚至有害的公共政策。它分析了政府成长或扩张的原因，指出了政府失败的种种表现及成因，并提出克服政府失败，抑制政府机构膨胀，改善政府机构工作效率的某些设想或建议。

政府管制作为协调人们行为的一种规则，作为资源配置的一种方式，既具有正效应，又具有负效应。

政府管制的正效应：首先，政府管制是强制性规定人们必须做什么、不能做什么，将人们的行为限定在不直接损害其他人利益的范围内或有助于社会发展的范围内，从而保证市场交易建立在自愿、平等的基础上。其次，现实的经济社会是不完全竞争市场，因而单纯依靠市场机制进行资源配置无法达到帕累托最优状态。而政府管制弥补市场缺陷，纠正市场失灵，使资源配置达到帕累托改进。最后，政府管制可以对企业行为进行不同程度的控制，可以避免重复建设造成的资源浪费，规范经营者的行为，促进经济结构的合理化。

政府管制的负效应：政府管制会产生大量的管制成本。除了设立政府管制机构、人员经费、制定管制规则以及实施管制等正常的直接成本外，还存在一些间接成本。首先，政府管制会产生寻租活动，布坎南（1980）认为，只要政府人为制造短缺，寻租活动就必然发生；只要获得某种特权的机会是不均等地或随机地在所有人当中分配，就必然有人通过游说、疏通等方式去试图说服主管当局给予优惠或差别待遇以达到满足自利的目的。因此政府管制会导致寻租，而寻租会带来收入的再分配，收入再分配会带来效率损失。其次，管制造成巨大的反腐败成本，包括事前的防范成本、事中的监督、制约成本和事后的处理成本。为防范管制中的腐败，政府事先一般都会制定若干规章制度；为避免有人滥用权力，政府往往要多设立几道关口，事中还要监督如查账等；若发现腐败嫌疑分子，政府要调集人员立案调查，这些都要花费大量成本，而且权力越大，对权力的监督就越困难，监督的成本也就越大。再次，政府管制还存在滞后效应，虽然政府的管制具有一定的稳定性，但也不是一成不变的，政府管制者需要根据需求和技术变化情况周期性地调整管制的政策。政策一旦制定，在一定时期内就为企业提供了降低成本、增加利润的刺激，这通常被认为是"管制滞后效应"。但是政府管制滞后的刺激效应不一定是正向的，企业为影响政府管制政策调整而实施的消极性战略行为可能会使生产效率和分配效率蒙受实质性的损失。最后，管制会带来低效率，政府管制通过国家的强制性行政权力将资源配置在某些利益集团，这种不通过市场的资源配置方式排斥了竞争，导致了经营的低效率。根据X低效率理论，企业组织管理效率在很大程度上取决于企业进行经营活动的外部环境，如果外部环境充满竞争，企业从上到下会充满一种外部压力，从而促使企业提高效率降低成本。而如果外部环境对企业没有多大竞争压力，则垄断性组织内部，各层次人员会显露出人的惰性，长久积淀就会在企业内部产生X低效率，导致企业生产效率低、服务质量差、消费者剩余减少等。

二、政府管制的领域及其主要内容

一般认为，政府管制领域主要涉及经济性管制和社会性管制两大领域。

（一）经济性管制

维斯卡西等学者（Viscusi W. K., J. M. Vernon, J. E. Harrington, 1995）认为，经济性管制通常指政府通过价格、产量、进入与退出等方面对企业决策所实施的各种强制性制约。植草益（1992）认为，经济性管制是指在自然资源和存在信息偏在的领域，主要为了防止发生资源配置低效率和确保使用者的公平利用，政府机关用法律权限，通过许可和认可等手段，对企业的进入和退出、价格、服务的数量和质量、投资、财务会计等有关行为加以管制。植草益较完整地说明了经济性管制的领域、目标、手段和内容。

经济性管制的领域主要包括自然垄断领域和存在信息不对称的领域。自然垄断的基本特征在于其成本的弱增性，具有显著的规模经济、范围经济、网络经济性和资源稀缺性，其典型产业主要包括有线通信、电力、铁路运输、自来水和煤气供应等产业（王俊豪，2004）。而另一些产业虽然不具有自然垄断性，但由于存在较严重的信息不对称问题，企业往往是信息的发出者和操纵者，而消费者只是信息的被动接受者，企业为了实现其利益最大化目标，完全有可能通过信息误导欺诈消费者，从而难以实现资源的有效配置，其典型产业主要包括银行、证券、保险以及航空运输业、房地产业等。

经济性管制的内容主要包括：

（1）价格管制。政府管制者要制定特定产业在一定时期的最高限价（最低限价），规定价格调整的周期等。

（2）进入和退出市场管制。为了获得产业的规模经济性和成本弱增性，政府管制者需要限制新企业进入产业，同时为保障供给的稳定性，还要限制企业任意退出产业。

（3）投资管制。政府管制者既要鼓励企业投资，以满足不断增长的产品和服务需求，又要防止企业间过度竞争、重复投资，还要对投资品的最优组合进行管制，以保证投资效率和效益。

（4）质量管制。许多产品或服务的质量具有综合性，并不容易简单定义和直观认定，因此在一些被管制产业中，往往不单独实行质量管制，而是把质量和价格相联系，即在价格管制中包括质量管制。

（二）社会性管制

植草益认为社会性管制是以保障劳动者和消费者的安全、健康、卫生、环境保护和防止灾害为目的，对产品和服务的质量和伴随着提供它们而产生的各种活动制定一定标准，并禁止、限制特定行为的管制（植草益，1992）。

美国的社会性管制最早可以追溯到20世纪初。1906年，美国国会制定了《食品与药品法》，设立了食品与药品管理局，承担了对食品、药物等管制职能。但直到70年代美国等经济发达国家才开始重视社会性管制，设立了许多有关健康、安全和环境保护的政府管制机构。在经济快速发展的同时，许多经济行为经常会产生严重的负外部性。对于这些由环境污染、产品质量低下而造成的社会问题，居民和消费者是最大的受害者，但由于他们掌握的信息有限，或难以形成较大的社会力量去索要补偿损失，他们就难以得到赔偿。这需要政府代表人民的利益，通过立法、执法手段加强对这类社会问题的管制。

社会性管制的内容非常丰富，植草益根据日本社会性管制的政策实践，将社会性管制的内容分为以下 A、B、C、D 四大类，各大类又包含若干小类。

A. 确保健康、卫生。

A_1 确保健康、卫生（药品法、医疗法、传染病预防法、检疫法、水道法、有关废弃物的处理与清扫方面的法律等）。

A_2 麻药取缔（麻药取缔法、大麻取缔法、鸦片法、兴奋剂取缔法等）。

B. 确保安全。

B_1 防止劳动灾害、疾病（劳动基本法、劳动基准法、劳动安全卫生法等）。

B_2 保护消费者（消费者保护基本法、消费生活用品安全法、家庭用品质量表示法、食品卫生法、分期付款销售法等）。

B_3 交通安全（道路交通法、道路运输车辆法、海洋交通安全法、港口管理法、船舶安全法、海上冲突预防法、水上遇难救护法、航空法等）。

B_4 消防（消防法等）。

B_5 枪炮取缔（枪炮刀剑类持有取缔法）。

C. 防止公害、保护环境。

C_1 防止公害（大气污染防止法、水质污染防止法、噪声防止法、振动规制法、矿山安全法、金属矿业等公害对策法等）。

C_2 环境保护（自然环境保护法、自然公园法、水产资源保护法等）。

C_3 产业灾害防止（核燃料、原子反应堆规则法、高压气取缔法、液化石油气安全法等）。

C_4 防止自然灾害（国土利用法、港湾法、沿岸法、河川法、森林法、矿山法等）。

D. 确保教育、文化、福利。

D_1 提高教育质量（学校教育法、私立学校法、社会教育法等）。

D_2 提高福利服务（社会福利事业法、老人福利法、残疾人就业促进法等）。

D_3 文物保护（文物保护法、关于保护古都的历史性风土的特别措施法等)。

在美国，通常把社会性管制限制在健康、安全和环境保护3方面。

三、农地非农化的外部性与政府管制

农地非农化是指农用地转变用途，成为居住、交通、工业、商服业等城乡建设用地的过程。农用地是指用于农业生产的全部土地，包括耕地、园地、林地、牧草地、养殖水面等用地以及排灌沟渠、田间道路、晒谷场、温室、畜舍等生产性建（构）筑物占用的土地。建设用地包括城镇村居民点用地、独立工矿用地、特殊用地、风景旅游设施用地、交通用地和水利设施用地等。

在现行土地制度下，农地非农化的途径主要有以下4类：

（1）国有农地的非农化，国家直接以划拨或出让方式将国有农地（国有农场、林场等）转化为非农建设用地。

（2）国家建设占用农村集体农地，国家首先征收农村集体所有的农地，然后再以划拨或出让的形式把农地转化为非农建设用地，包括城市、建制镇、独立工矿、铁路、公路、水利工程和其他占地。

（3）集体建设占用农地，在不改变集体土地所有权的情况下将农地转化为非农建设用地，包括集体企业、农村道路、农田水利、集体公共设施与公益事业等占用农地。

（4）农村个人建房占用农地，农村个人建房用地是指农村居民个人（含回乡落户的干部、职工、军人、归侨等）在农村集体土地上修建住宅及附属生活设施的建设用地。

本书研究的只是第二种途径实现的农地非农化，因为该种途径转化涉及土地的征收转用。

农地非农化是人口增加、经济发展以及工业化和城市化的必然产物，是土地资源优化配置和合理利用的一个重要方面。但由于土地资源总量有限，农用地和建设用地之间存在着资源竞争关系。在农地非农化进程中，如果单纯依靠市场调节，由于农地利用的外部性将会有过量的农用地非农化（见图2-2）。

在图 2-2 中，假设某地土地数量为 Q，土地可以在农业和建设用地两种用途之间自由转化，且土地所有者追求经济收益最大化。那么，在单纯市场机制作用下，农用地的边际收益线 MRa 与建设用地的边际收益线 MRu 相交于 E 点，其中建设用地数量为 Qu，农用地数量为 Qa，且 Qu 与 Qa 之和为 Q。

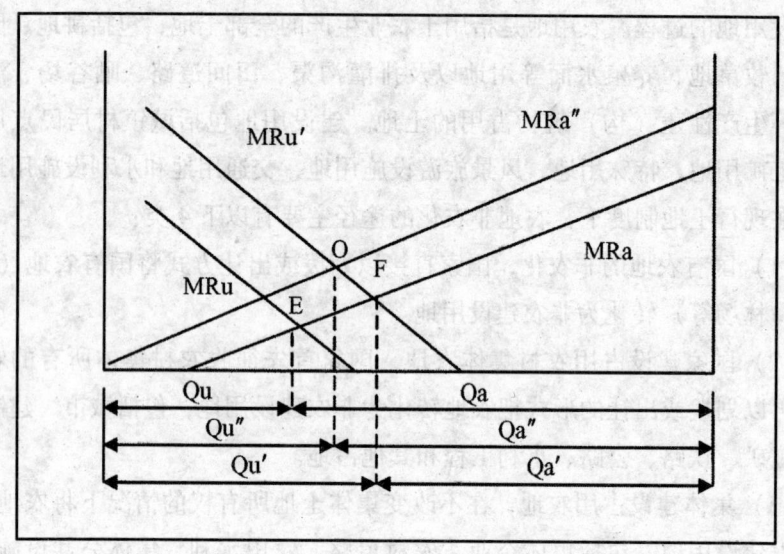

图 2-2 农地非农化中的外部性和市场失灵

随着人口增加和社会经济条件改变，人均用地逐渐减少，建设用地和农用地都必须更加集约利用，但由于建设用地的边际收益增加远大于农用地的边际收益增加值，这里不妨假设农业的边际收益没有增加，即 MRa 线没有上移，而建设用地的边际收益线向上移动至 MRu，此时均衡点为 F，其中建设用地数量为 Qu′，农用地数量为 Qa′，且 Qu′ 与 Qa′ 之和为 Q。

由于农用地具有很强的外部经济性，城市郊区的农用地不仅可以种植蔬菜、花卉、粮食、水果等农产品，同时郊区农用地也可以为城市居民提供休闲场所；绿色植物的光合作用使郊区农用地成为城市的"绿肺"，为城市居民输送氧气；郊区农用地可以保持城市水库的清洁，为城市居民供应高质量的饮用水。不仅郊区农用地具有正的外部性，远离城市的农用地的外部经济性也很强，它通过维持生态平衡而使城乡居民有一个良好的生存环境。考虑农用地的外部性后，农用地的实际边际收益不是 MRa，而应该上移到 MRa″，因此最佳配置点应该是 O 点，而不是 F 点。如果单纯依靠市场来调节农地非农化过程，市场机制不考虑农用地的外部性，实际平衡点仍然是 F 点，最佳配置点 O 点难以实现，这时过量的农用地非农化数量为 Qu′ 与 Qu″ 之差额。

此外，由于存在非农土地向农用土地转化的刚性，市场无法自动实现土地资源的最佳配置，即市场失灵。因此，政府应对土地非农化过程进行调控和管制，以弥补市场机制的不足。在我国，征地是农地非农化的一个重要环节。

四、征地过程中的政府管制政策及其分类

上文分析表明，市场无法自动实现土地非农化的最佳配置，需要政府对土地非农化过程进行调控和管制，以弥补市场机制的不足。从征地政府管制层面看，我国目前采取了经济性管制政策、社会性管制政策以及对"管制者"的管制政策。

（一）经济性管制政策

1. 征地数量管制政策

征地数量管制主要通过以下 3 种政策来实现。

（1）土地利用总体规划。土地利用总体规划是指在一定区域内，根据国民经济和社会发展对土地的需求以及当地的自然、经济和社会条件，对该地区范围内全部土地的利用所做的长期的、战略性的总体布局和安排。土地利用总体规划的根本作用在于以土地利用为核心，优化土地利用结构，保障各行业健康有序发展。省、自治区以及直辖市人民政府编制的土地利用总体规划，应当确保本行政区域内耕地总量不减少。地方各级人民政府编制的土地利用总体规划中的建设用地总量不得超过上一级土地利用总体规划确定的控制指标。在土地利用总体规划中，通过建设用地总量控制来管制征地数量。

(2) 土地利用年度计划。土地利用年度计划是指国家对计划年度内新增建设用地量、土地开发整理补充耕地量和耕地保有量的具体安排。土地利用年度计划指标包括：新增建设用地计划指标（新增建设用地总量指标和新增建设占用农用地及耕地指标）、土地开发整理计划指标、耕地保有量计划指标。其中，新增建设用地计划指标分为城镇村建设用地指标和能源、交通、水利、矿山、军事设施等独立选址的重点建设项目用地指标。土地利用年度计划指标一经批准下达，必须严格执行。新增建设用地指标实行指令性管理，不得突破。新增建设用地计划中城镇村建设用地指标和能源、交通、水利、矿山、军事设施等独立选址的重点建设项目用地指标不得混用。没有新增建设用地计划指标擅自批准用地的，或者没有新增建设占用农用地计划指标擅自批准农用地转用的，按非法批准用地追究法律责任。县级以上地方人民政府国土资源管理部门建立土地利用计划管理信息系统，实行土地利用年度计划台账管理，在建设用地审批的规划审查过程中确认并根据批准情况及时核销计划，对计划执行情况进行登记和统计，并按月上报，作为计划执行跟踪和监督的依据。在我国，新增建设用地一般通过征地来实现。因此，通过新增建设用地计划指标控制可以达到管制征地数量的目的。1999年国土资源部制定的《土地利用年度计划管理办法》，先后经过2004年、2006年的两次修订，目前已经成为控制征地数量的重要管制政策。

(3) 征地审批。《土地管理法》第四十五条规定："征收基本农田，征收基本农田以外的耕地超过35公顷；征收其他土地超过70公顷的，由国务院批准。征收前述规定之外的土地，由省、自治区和直辖市人民政府批准，并报国务院备案。征收农用地的，应当依照本法第四十四条的规定先行办理农用地转用审批。其中，经国务院批准农用地转用的，同时办理征地审批手续，不再另行办理征地审批；经省、自治区、直辖市人民政府在征地批准权限内批准农用地转用的，同时办理征地审批手续，不再另行办理征地审批，超过征地批准权限的，应当依照本条第一款的规定另行办理征地审批。"由此可见，我国征地的审批权在国务院和省、自治区和直辖市人民政府，法律禁止各省、自治区和直辖市人民政府下放征地审批权，并严禁规避法定审批权限，将单个建设项目用地拆分审批。国务院和省、自治区和直辖市人民政府通过控制征地审批权达到管制征地数量的目的。

2. 征地价格管制政策

土地征收，所有权由农民集体单方流向国家。在土地所有权转移的过程中，农民和农民集体获得了征地补偿。

征地补偿标准由《土地管理法》规定。该法第四十七条规定："征收土地的，按照被征收土地的原用途给予补偿。征收耕地的补偿费用包括土地补偿费、安置补助费以及地上附着物和青苗的补偿费。征收耕地的土地补偿费，为该耕地被征收前3年平均年产值的6~10倍。征收耕地的安置补助费，按照需要安置的农业人口数计算。需要安置的农业人口数，按照被征收的耕地数量除以征地前被征收单位平均每人占有耕地的数量计算。每一个需要安置的农业人口的安置补助费标准，为该耕地被征收前3年平均年产值的4~6倍。但是，每公顷被征收耕地的安置补助费，最高不得超过被征收前3年平均年产值的15倍。征收其他土地的土地补偿费和安置补助费标准，由省、自治区、直辖市参照征收耕地的土地补偿费和安置补助费的标准规定。被征收土地上的附着物和青苗的补偿标准，由省、自治区、直辖市规定。征收城市郊区的菜地，用地单位应当按照国家有关规定缴纳新菜地开发建设基金。依照本条第二款的规定支付土地补偿费和安置补助费，尚不能使需要安置的农民保持原有生活水平的，经省、自治区、直辖市人民政府批准，可以增加安置补助费。但是，土地补偿费和安置补助费的总和不得超过土地被征收前3年平均年产值的30倍。国务院根据社会、经济发展水平，在特殊情况下，可以提高征收耕地的土地补偿费和安置补助费的标准。"

同时，《土地管理法》第五十一条规定："大中型水利、水电工程建设征收土地的补偿费标准和移民安置办法，由国务院另行规定。"

2006年修订的《大中型水利水电工程建设征地补偿和移民安置条例》第二十二条规定："大中型水利水电工程建设征收耕地的，土地补偿费和安置补助费之和为该耕地被征收前3年平均年产值的16倍。土地补偿和安置补助费不能使需要安置的移民保持原有生活水平、需要提高标准的，由项目法人或者项目主管部门报项目审批或者核准部门批准。征收其他土地的土地补偿费和安置补助费标准，按照工程所在省、自治区、直辖市规定的标准执行。

被征收土地上的零星树木、青苗等补偿标准，按照工程所在省、自治区、直辖市规定的标准执行。被征收土地上的附着建筑物按照其原规模、原标准或者恢复原功能的原则补偿；对补偿费用不足以修建基本用房的贫困移民，应当给予适当补助。使用其他单位或者个人依法使用的国有耕地，参照征收耕地的补偿标准给予补偿；使用未确定给单位或者个人使用的国有未利用地，不予补偿。移民远迁后，在水库周边淹没线以上属于移民个人所有的零星树木、房屋等应当分别依照本条第三款、第四款规定的标准给予补偿。"

由于《土地管理法》规定的征地补偿标准较低，《国务院关于深化改革严格土地管理的决定》（国发［2004］28号）规定：依照现行法律规定支付土地补偿费和安置补助费尚不能使被征地农民保持原有生活水平的，不足以支付因征地而导致无地农民社会保障费用的，省、自治区、直辖市人民政府应当批准增加安置补助费。土地补偿费和安置补助费的总和达到法定上限，尚不足以使被征地农民保持原有生活水平的，当地人民政府可以用国有土地有偿使用收入予以补贴。

在浙江、江苏等地进行征地区片综合地价补偿的试点基础上，国土资源部颁布了《关于完善征地补偿安置制度的指导意见》（国土资发［2004］238号）以及《关于开展制定征地统一年产值标准和征地区片综合地价工作的通知》（国土资发［2005］144号），提出了征地统一年产值标准和征地区片综合地价补偿的办法，提高了征地补偿标准，放松了征地价格管制。

（二）社会性管制政策

1. 失地农民安置管制政策

随着改革的推进，在我国失地农民的安置政策由就业安置转向了货币安置。《土地管理法》第四十七条规定，征收耕地的安置补助费，按照需要安置的农业人口数计算。每一个需要安置的农业人口的安置补助费标准，为该耕地被征收前3年平均年产值的4~6倍。但是，每公顷被征收耕地的安置补助费，最高不得超过被征收前3年平均年产值的15倍。征收其他土地的安置补助费标准，由省、自治区、直辖市参照征收耕地的安置补助费的标准规定。按此标准支付安置补助费，尚不能使需要安置的农民保持原有生活水平的，经省、自治区、直辖市人民政府批准，可以增加安置补助费。当然，大中型水利、水电工程建设征收土地的移民安置办法由《大中型水利水电工程建设征地补偿和移民安置条例》规定，具体参见上文。

但随着社会经济的发展和通货膨胀的影响，上述标准的安置无法使失地农民保持原有生活水平，而且很大一部分农民一失地便失业，原有的农业劳动技能无法使其获得生活之需，而要掌握新技能和重新就业对于40岁以上的失地农民来说十分困难。因此，《国务院关于深化改革严格土地管理的决定》（国发〔2004〕28号）要求县级以上地方人民政府制定具体办法，使被征地农民的长远生计有保障。对有稳定收益的项目，农民可以经依法批准的建设用地土地使用权入股。在城市规划区内，当地人民政府应当将因征地而导致无地的农民，纳入城镇就业体系，并建立社会保障制度；在城市规划区外，征收农民集体所有土地时，当地人民政府要在本行政区域内为被征地农民留有必要的耕作土地或安排相应的工作岗位；对不具备基本生产生活条件的无地农民，应当异地移民安置。劳动和社会保障部门要会同有关部门尽快提出建立被征地农民的就业培训和社会保障制度的指导性意见。

在浙江、江苏、上海、广东等地试点的基础上，国土资源部颁布的《关于完善征地补偿安置制度的指导意见》（国土资发〔2004〕238号）以及《国务院办公厅转发劳动保障部关于做好被征地农民就业培训和社会保障工作指导意见的通知》（国办发〔2006〕29号）提出了多种安置方式，即农业生产安置、重新择业安置、入股分红安置、异地移民安置等，并要求各地做好被征地农民就业培训和社会保障工作。

2. 征地听证制度

为维护征地过程中农民集体土地所有权和农民土地承包经营权的权益，依法保护公民、法人和其他组织的合法权益，《国务院关于深化改革严格土地管理的决定》（国发〔2004〕28号）以及《关于完善征地补偿安置制度的指导意见》（国土资发〔2004〕238号）要求在征地依法报批前，当地国土资源部门应告知被征地农村集体经济组织和农户，对拟征土地的补偿标准、安置途径有申请听证的权利。当事人申请听证的，应按照《国土资源听证规定》规定的程序和有关要求组织听证。

为实行最严格的土地管理制度，切实保护被征地农民的合法权益，《国土资源听证规定》特别规定：拟定或者修改基准地价、编制或者修改土地利用总体规划和矿产资源规划、拟定或者修改区域性征地补偿标准的，国土资源主管部门应当组织听证；拟订征地项目的补偿标准和安置方案、拟订非农建设占用基本农田方案的，应当告知当事人要求举行听证的权利，当事人要求的，国土资源主管部门应当组织听证。

3. 征地中的环境管制

人类社会总是在一定的环境中存在和发展的，环境质量在很大程度上决定人类的生活质量。自1998年以来，我国城市化水平不断推进，平均每年以1.5个百分点增长，截至2005年底，全国城市化率已达42.99%。在大规模城市化过程中，我国走的是政府主导型的高速度、低成本、粗放型的市场扩张模式。这种模式，使得社会经济发展与资源、生态、环境之间的矛盾和冲突越来越严重，环境污染问题日益严重。

2006年12月，国土资源部和国家发改委依据《产业结构调整指导目录》（2005年版），制定了《限制用地项目目录》和《禁止用地项目目录》。对于新建、扩建和改建的建设项目：凡列入《限制用地项目目录》第一至十类的建设项目或者采用所列工艺技术、装备的建设项目，各级国土资源管理部门一律不得办理相关手续；列入《限制用地项目目录》第十一至十四类的建设项目，必须符合目录规定条件，各级国土资源管理部门方可办理相关手续；凡列入《禁止用地项目目录》的建设项目或者采用所列工艺技术、装备的建设项目，各级国土资源管理部门一律不得办理相关手续。

通过《限制用地项目目录》和《禁止用地项目目录》管制政策，限制或禁止为污染企业办理征地、供地等手续，较好地实现了征地中的环境管制。

（三）对"管制者"的管制政策

在西方正统的政府管制经济学中，通常假定政府管制者追求一系列社会目标，他们应该做的和实际做的是完全一致的。事实上，政府管制者在一定程度上也是"经济人"，他们也追求私利，如政治权力和地位等。正因为政府管制者有种种私利，才使利益集团进行寻租活动成为现实。为防止政府管制者为利益集团所俘虏，进而损害社会公共利益，必须"管制"管制者。在征地中，地方政府的权力过大，而农民和农民集体又处于十分弱势的地位。因此，"管制"征地管制者就显得十分重要。

1. 信访制度

为了保持各级人民政府同人民群众的密切联系，保护信访人的合法权益，维护信访秩序，2005年1月5日国务院颁布了新修订的《信访条例》。新《信访条例》在"如何畅通信访渠道、如何创新工作机制、如何强化工作责任、如何维护信访秩序"4个方面形成了一套有序而比较完善的信访机制，这对于加强和改进新形势下的信访工作，密切党和政府同人民群众的联系，促进依法行政，构建社会主义和谐社会将发挥重要作用。信访一直是农民群众解决征地问题的主要途径，也是上级政府监督、管制下级政府的一个重要手段。

2. 土地督察制度

为全面落实科学发展观，适应构建社会主义和谐社会和全面建设小康社会的要求，切实加强土地管理工作，完善土地执法监察体系，根据《国务院关于深化改革严格土地管理的决定》，国办发［2006］50号文件（《国务院办公厅关于建立国家土地督察制度有关问题的通知》）提出了建立国家土地督察制度。

目前，我国设立国家土地总督察1名，由国土资源部部长兼任；兼职副总督察1名，由国土资源部1名副部长兼任；专职副总督察（副部长级）1名。国家土地总督察、副总督察负责组织实施国家土地督察制度。在国土资源部设立国家土地总督察办公室（正局级）。主要职责是：拟定并组织实施国家土地督察工作的具体办法和管理制度；协调国家土地督察局工作人员的派驻工作；指导和监督检查国家土地督察局的工作；协助国土资源部人事部门考核和管理国家土地督察局工作人员；负责与国家土地督察局的日常联系、情况沟通和信息反馈工作。

由国土资源部向地方派驻9个国家土地督察局，分别是：国家土地督察北京局，督察范围为：北京市、天津市、河北省、山西省、内蒙古自治区；国家土地督察沈阳局，督察范围为：辽宁省、吉林省、黑龙江省及大连市；

国家土地督察上海局，督察范围为：上海市、浙江省、福建省及宁波市、厦门市；国家土地督察南京局，督察范围为：江苏省、安徽省、江西省；国家土地督察济南局，督察范围为：山东省、河南省及青岛市；国家土地督察广州局，督察范围为：广东省、广西壮族自治区、海南省及深圳市；国家土地督察武汉局，督察范围为：湖北省、湖南省、贵州省；国家土地督察成都局，督察范围为：重庆市、四川省、云南省、西藏自治区；国家土地督察西安局，督察范围为：陕西省、甘肃省、青海省、宁夏回族自治区、新疆维吾尔自治区、新疆生产建设兵团。派驻地方的国家土地督察局，代表国家土地总督察履行监督检查职责。主要职责是：监督检查省级以及计划单列市人民政府耕地保护责任目标的落实情况；监督省级以及计划单列市人民政府土地执法情况，核查土地利用和管理中的合法性和真实性，监督检查土地管理审批事项和土地管理法定职责履行情况；监督检查省级以及计划单列市人民政府贯彻中央关于运用土地政策参与宏观调控要求情况；开展土地管理的调查研究，提出加强土地管理的政策建议；承办国土资源部及国家土地总督察交办的其他事项。

依照法律规定由国务院审批的农用地转用和土地征收事项，省级人民政府在报国务院时，应将上报文件同时抄送派驻地区的国家土地督察局。派驻地区的国家土地督察局发现有违法违规问题的，应及时向国家土地总督察报告。依照法律规定由省级和计划单列市人民政府审批的农用地转用和土地征收事项，应及时将批准文件抄送派驻地区的国家土地督察局。派驻地区的国家土地督察局发现有违法违规问题的，应在30个工作日内提出纠正意见。

对监督检查中发现的问题，派驻地区的国家土地督察局应及时向其督察范围内的相关省级和计划单列市人民政府提出整改意见。对整改不力的，由国家土地总督察依照有关规定责令限期整改。整改期间，暂停被责令限期整改地区的农用地转用和土地征收的受理和审批。整改工作由省级和计划单列市人民政府组织实施。结束对该地区整改，由派驻地区的国家土地督察局审核后，报国家土地总督察批准。

建立国家土地督察制度有利于加强土地监管，落实最严格的土地管理制度，实现对征地"管制者"的管制。

实际上，基层政府作为事实上的经济活动主体，其行为目标和动机呈现出"经济人"特征（靳相木，2007）。在征地行为中，拥有征地权的基层政府倾向于通过更多、更快地征地来完成城市建设和经济发展任务，从而导致了通过征地而产生的农地非农化数量急剧增加，尤其是在开发区，土地征而不用、多征少用等现象十分普遍，导致了土地资源的配置效率低下。因此，应借鉴政府管制理论对当前的征地制度进行反思和检讨。

第三节 产权理论与征地制度改革分析

一、产权理论的发展

现代西方产权理论或产权经济学，是现代西方经济学的一个新的分支，它于20世纪60年代兴起于美国。

追溯现代西方产权理论的产生，我们可以大致上找出它的两个主要理论渊源：一个是古典经济学和新古典经济学；另一个是制度经济学或制度学派。现代西方产权理论除了上述两个主要的理论渊源外，还涉及法学和组织理论，例如，威廉·姆森的交易费用经济学就吸收了这两门学科的养分。

科斯的"企业的性质"和"社会成本问题"是现代西方产权理论产生和发展的重要标志。继科斯的这两篇大作发表之后，阿尔钦、德姆塞茨以及张五常等人的研究又大大推动了产权研究的发展。现在，该理论形成了3个具有代表性的分支：

（1）以威廉·姆森为代表的交易费用经济学。
（2）以德姆塞茨为代表的产权学派。
（3）以张五常为代表的强调产权与交易费用密不可分，两者不能偏颇。

西方产权理论的研究，正如配杰威齐和菲吕博藤所概括归纳的，主要致力于产权、激励与经济行为的关系的研究，尤其探讨了不同的产权结构对收益—报酬制度及资源配置的影响，权利在经济交易中的作用也给予了突出的关注。

按照阿尔钦的定义,产权是一个社会所实施的选择一种经济品的使用的权利。值得注意的是,从经济学角度来分析产权,它不是指一般的物质实体,而是指由人们对物的使用所引起的相互认可的行为关系。它用来界定人们在经济活动中如何受益,如何受损,以及他们之间如何进行补偿的规则。因而,产权的主要功能就是帮助一个人形成他与其他人进行交易时的预期。

一个产权的基本内容包括行动团体对资源的使用权与转让权,以及收入的享用权。它的权能是否完整,主要可以从所有者对它具有的排他性和可转让性来衡量,如果权利所有者对他所拥有的权利有排他的使用权、收入的独享权和自由的转让权,就称他所拥有的产权是完整的。如果这些方面的权能受到限制或禁止,就称为产权的残缺。

产权理论除了应用于企业制度分析外,还可应用于土地制度。如张五常应用产权和交易费用方法得出,只要在产权明确界定为现有的情况下,分成合约同固定租约及所有者自种一样,都能实现资源的最优配置。

二、我国的土地产权体系

我国的土地产权制度源于1949年新中国成立之后的土地改革。在1950年的土地改革中,中央政府把从地主阶级没收来的大部分土地分配给农民,剩余的土地留归国有。前者经过合作社制度、家庭联产承包责任制等制度变迁,形成了现行的劳动群众集体所有制土地;后者形成了全民所有制土地,即国有土地。我国宪法第六条规定:"中华人民共和国的社会主义经济制度的基础是生产资料的社会主义公有制,即全民所有制和劳动群众集体所有制。"第九条规定:"矿藏、水流、森林、山岭、草原、荒地、滩涂等自然资源,都属于国家所有,即全民所有;由法律规定属于集体所有的森林和山岭、草原、荒地、滩涂除外。"《中华人民共和国土地管理法》第八条规定:"城市市区的土地属于国家所有。农村和城市郊区的土地,除由法律规定属于国家所有的以外,属于农民集体所有;宅基地和自留地、自留山,属于农民集体所有。"

不论是国有土地还是集体土地，都是公有土地。因此，土地公有制就成为中国土地制度的基础制度安排。目前，我国的土地权利体系是由《物权法》、《土地管理法》、《城市房地产管理法》、《农村土地承包法》、《土地管理法实施条例》、《城镇国有土地使用权出让和转让暂行条例》、《划拨土地使用权管理暂行办法》、《土地增值税暂行条例》等一系列法律规范构筑而成的（靳相木，2007）。

（一）土地所有权

1. 国家土地所有权

根据《土地管理法》，国有土地包括城市市区的土地、农村和城市郊区中属于国家所有的土地。国家土地所有权主体是国务院。《土地管理法》第二条第二款规定："全民所有，即国家所有土地的所有权由国务院代表国家行使。"《物权法》第五十三条规定："国家机关对其直接支配的不动产和动产，享有占有、使用以及依照法律和国务院的有关规定处分的权利。"《物权法》第五十四条规定："国家举办的事业单位对其直接支配的不动产和动产，享有占有、使用以及依照法律和国务院的有关规定收益、处分的权利。"尽管地方政府在土地管理中仍有较大权力，但真正能够代表国家行使土地所有权的只能是国务院。

2. 集体土地所有权

根据《土地管理法》第十条和《物权法》第六十条规定，对于集体所有的土地和森林、山岭、草原、荒地、滩涂等，依照下列规定行使所有权：

（1）属于村农民集体所有的，由村集体经济组织或者村民委员会代表集体行使所有权。

（2）分别属于村内两个以上农民集体所有的，由村内各该集体经济组织或者村民小组代表集体行使所有权。

（3）属于乡镇农民集体所有的，由乡镇集体经济组织代表集体行使所有权。

（二）国有土地建设用地使用权

《土地管理法》第二条第三款规定："任何单位和个人不得侵占、买卖或者以其他形式非法转让土地。土地使用权可以依法转让。"国有土地可以依法出让、划拨给单位或个人使用，单位或个人依法取得的国有土地使用权，在法律规定的范围和限度内行使其使用权。《物权法》第一百三十五条规定："建设用地使用权人依法对国家所有的土地享有占有、使用和收益的权利。有权利用该土地建造建筑物、构筑物及其附属设施。"

1. 划拨土地使用权

土地使用权划拨是指县级以上人民政府依法批准，在土地使用者缴纳补偿、安置等费用后将土地交付其使用，或者将土地使用权无偿交付给土地使用者使用的行为。划拨土地基本上是由国家无偿拨付使用的，1988年宪法修改之前我国国有建设用地使用权都由划拨产生。以划拨方式取得的土地使用权，没有使用期限的限制，法律法规另有规定的除外。1988年宪法修改后，国有土地使用处于"双轨制"，《土地管理法》第五十四条对划拨用地范围作出了规定："建设单位使用国有土地，应当以出让等有偿使用方式取得。但是，下列建设用地，经县级以上人民政府依法批准，可以划拨方式取得。

（1）国家机关用地和军事用地。

（2）城市基础设施用地和公益事业用地。

（3）国家重点扶持的能源、交通、水利等基础设施用地。

（4）法律、行政法规规定的其他用地。"

尽管划拨土地一般没有期限限制，但是其土地使用权较之有偿使用方式取得的使用权有较大的不同和限制。《划拨土地使用权管理暂行办法》第五条规定："未经市、县人民政府土地管理部门批准并办理土地使用权出让手续，交付土地使用权出让金的土地使用者，不得转让、出租、抵押土地使用权。"划拨土地使用权要进行转让、出租、抵押的，必须符合《划拨土地使用权管理暂行办法》第六条规定："符合下列条件的，经市、县人民政府土地管理部门批准，其土地使用权可以转让、出租、抵押。

（1）土地使用者为公司、企业、其他经济组织和个人。

(2) 领有国有土地使用证。

(3) 具有合法的地上建筑物、其他附着物产权证明。

(4) 依照《条例》①和本办法规定签订土地使用权出让合同，向当地市、县人民政府交付土地使用权出让金或者以转让、出租、抵押所获收益抵交土地使用权出让金。"

2. 出让、租赁、作价入股的土地使用权

《土地管理法》第四十三条第一款规定："任何单位和个人进行建设，需要使用土地的，必须依法申请使用国有土地。"第二款规定："前款所称依法申请使用的国有土地包括国家所有的土地和国家征收的原属于农民集体所有的土地。"1988年宪法修改后，国有土地使用处于"双轨制"，使用国有土地原则上以有偿使用方式取得。国有土地有偿使用，是指国家作为土地所有者通过有偿的方式向单位或个人提供土地使用权的行为。目前，国有土地有偿使用的形式：

(1) 国有土地使用权出让。

(2) 国有土地租赁。

(3) 国有土地使用权作价入股。

《城镇国有土地使用权出让和转让暂行条例》第八条规定："土地使用权出让是指国家以土地所有者的身份将土地使用权在一定年限内让与土地使用者，并由土地使用者向国家支付土地使用权出让金的行为。土地使用权出让应当签订出让合同。"土地使用权出让可以采取下列方式：协议、招标、拍卖和挂牌。

1999年7月27日国土资源部颁发的《规范国有土地租赁若干意见》第一条规定："国有土地租赁是指国家将国有土地出租给使用者使用，由土地使用者与县级以上人民政府土地行政主管部门签订一定年期的土地租赁合同，并支付租金的行为。国有土地租赁是国有土地有偿使用的一种形式，是出让方式的补充。"

《国有企业改革中划拨土地使用权管理暂行规定》对国有土地使用权作

---

① 指《中华人民共和国城镇国有土地使用权出让和转让暂行条例》。

价出资（入股）作出了规定：国家以一定年期的国有土地使用权作价，作为出资投入改组后的新设企业，该土地使用权由新设企业持有，可以依照土地管理法律、法规关于出让土地使用权的规定转让、出租、抵押。土地使用权作价出资（入股）形成的国家股股权，按照国有资产投资主体由有批准权的人民政府土地管理部门委托有资格的国有股权持股单位统一持有。

3. 国有土地使用权的收回制度

国有土地使用权收回，是指政府依法收回用地单位和个人国有土地使用权的行为。《物权法》第一百四十八条规定："建设用地使用权期间届满前，因公共利益需要提前收回该土地的，应当依照本法第四十二条的规定对该土地上的房屋及其他不动产给予补偿，并退还相应的出让金。"《土地管理法》第五十八条规定："有下列情形之一的，由有关人民政府土地行政主管部门报经原批准用地的人民政府或者有批准权的人民政府批准，可以收回国有土地使用权。

（1）为公共利益需要使用土地的。

（2）为实施城市规划进行旧城区改建，需要调整使用土地的。

（3）土地出让等有偿使用合同约定的使用期限届满，土地使用者未申请续期或者申请续期未获批准的。

（4）因单位撤销、迁移等原因，停止使用原划拨的国有土地的。

（5）公路、铁路、机场、矿场等经核准报废的。依照前款第（1）项、第（2）项的规定收回国有土地使用权的，对土地使用权人应当给予适当补偿。"

（三）集体土地建设用地使用权

《土地管理法》第四十三条规定了集体土地建设用地的3种情形：

（1）经依法批准使用本集体经济组织农民集体所有的土地兴办乡镇企业。

（2）村民建设住宅用地。

（3）乡（镇）村公共设施和公益事业建设经依法批准使用农民集体所有的土地。

乡镇企业、乡（镇）村公共设施、公益事业、农村村民住宅等乡（镇）村建设，应当按照村庄和集镇规划，合理布局，综合开发，配套建设。建设用地，应当符合乡（镇）土地利用总体规划和土地利用年度计划。

《土地管理法》第六十二条规定了农村村民一户只能拥有一处宅基地，其宅基地的面积不得超过省、自治区、直辖市规定的标准，而且农村村民出卖、出租住房后，再申请宅基地的，不予批准。《物权法》第十三章第一百五十二条至第一百五十五条对农村宅基地使用权作出了规定：宅基地使用权人依法对集体所有的土地享有占有和使用的权利，有权依法利用该土地建造住宅及其附属设施。宅基地使用权的取得、行使和转让，适用土地管理法等法律和国家有关规定。宅基地因自然灾害等原因灭失的，宅基地使用权消灭。对失去宅基地的村民，应当重新分配宅基地。已经登记的宅基地使用权转让或者消灭的，应当及时办理变更登记或者注销登记。

另外，《土地管理法》第六十五条还对集体土地使用权收回作出了规定："有下列情形之一的，农村集体经济组织报经原批准用地的人民政府批准，可以收回土地使用权：

（1）为乡（镇）村公共设施和公益事业建设，需要使用土地的。

（2）不按照批准的用途使用土地的。

（3）因撤销、迁移等原因而停止使用土地的。

依照前款第（1）项规定收回农民集体所有的土地的，对土地使用权人应当给予适当补偿。"

（四）土地承包经营权

我国实行农村土地承包经营制度，土地承包经营权是指权利人基于成员资格或以承包合同取得的以农业为目的，对集体所有的或国家所有由集体长期使用的土地、水面等自然资源的占有、使用、收益和处置的权利。目前，《宪法》、《物权法》、《民法通则》、《土地管理法》、《农村土地承包法》等分别从不同侧面对改革后形成的农村土地承包关系进行了调整和规范。

从现行法律看，土地承包权的取得有法定取得和约定取得两种方式。法定取得是指农民基于本集体成员资格而直接享有的承包经营集体土地的制度。

《农村土地承包法》第五条规定:"农村集体经济组织成员有权依法承包由本集体经济组织发包的农村土地。任何组织和个人不得剥夺和非法限制农村集体经济组织成员承包土地的权利。"约定取得是指农业经营者依土地承包合同的约定取得土地使用权。《农村土地承包法》第四十九条规定:"通过招标、拍卖、公开协商等方式承包农村土地,经依法登记取得土地承包经营权证等证书的,其土地承包经营权可以依法采取转让、出租、入股、抵押或者其他方式流转。"

依照法律,具有土地承包经营权主体资格的个人或组织两大类:一是本集体经济组织内部的单位或个人;二是本集体经济组织以外的单位或个人。

本集体经济组织内部的单位或个人承包经营的期限,《农村土地承包法》第二十条作出了规定:"耕地的承包期为30年,草地的承包期为30~50年,林地的承包期为30~70年;特殊林木的林地承包期,经国务院林业行政主管部门批准可以延长。"

与本集体经济组织内部的单位或个人承包经营相比,本集体经济组织以外的单位或个人承包经营限制较大。《土地管理法》、《农村土地承包法》均规定:发包方将农村土地发包给本集体经济组织以外的单位或者个人承包,应当事先经本集体经济组织成员的村民会议2/3以上成员或者2/3以上村民代表的同意,并报乡(镇)人民政府批准。其承包经营年限由承包合同约定,法律不作限制性规定。

三、我国农村集体土地产权制度

(一)新中国成立以来农地制度的变迁

新中国成立以来,我国农地制度的变迁大致经历了4个阶段。

1. 个人所有、个人经营阶段(1949~1953年)

1949年,新中国成立后,为实现"耕者有其田"的社会理想,发动了大规模的土地改革运动,彻底消灭了封建地主土地所有制度,实现了农民土地所有制。这一阶段的农地制度的主要特征是:土地属于农民所有,土地由农民自己经营，所有权和经营权高度统一，土地产权可以自由流动，土地可以买卖、出租、典当、赠与等交易行为，国家通过土地登记、发证、征收契税等手段进行管理（成涛林，2003）。实际上，这一阶段的农民土地所有制本质上是土地私有制。但这种土地私有制是一种平均分配式的个人土地所有制，农户与农户之间土地占有的差距很小，而且权利平等。

2. 个人所有、集体经营阶段（1953～1956年）

1953年，我国进入了社会主义改造阶段，目的"是要在10年到15年或者更多一些时间内，基本上完成国家工业化和对农业、手工业、资本主义工商业的社会主义改造"[①]。在农村，农民的合作开始由临时互助组、常年互助组向初级农业生产合作社转变，农民的土地交给合作社统一经营，农民自身只允许保留小块自留地。这一阶段农地制度的显著特点是：农民拥有土地所有权，但使用权归农业生产合作社。

3. 集体所有、集体经营阶段（1957～1978年）

这一阶段，高级社迅速发展。与初级社不同，高级社废除了土地农民私有制，实现了生产资料的集体所有。其后，全国又实现了公有化程度更高的人民公社化。人民公社土地制度的典型特征是集体所有、集体经营，土地的所有权和经营权完全掌握在政社合一的人民公社手里。

4. 集体所有、家庭经营阶段（1979年至今）

始于1978年底的中国农村改革仍然是以土地制度的变革为起点的。安徽凤阳县小岗生产队的"包产到户"试验后，经过激烈的争论，逐步确立了家庭联产承包责任制。家庭联产承包责任制打破了人民公社体制下土地所有权和经营权的高度集中统一的格局，使农民直接获得了土地的经营权。1998年，土地第二轮承包开始时，国家又出台了相关文件和法律，规定土地承包期再延长30年不变，同时还规定农民承包的土地可以转包、转让、入股、租赁等形式流转。

（二）集体土地产权制度的特征

我国《宪法》第十条规定："农村和城市郊区的土地，除由法律规定属

[①] 参见毛泽东1953年6月15日在中央政治局会议上的讲话。

于国家所有的以外,属于集体所有;宅基地和自留地、自留山,也属于集体所有。"这表明我国农村土地采用的是土地集体所有的制度。

我国农村集体土地产权制度具有下列主要特征:

(1)集体土地产权制度是市场经济条件下合理配置土地产权的法律规定,它是在中国土地制度的法律框架内,坚持农村土地的集体所有制。作为规定具有限制和约束人们占有、使用土地等行为的效力。

(2)集体土地产权制度是以所有权为基础、使用权为核心的产权形态。土地所有权和土地使用权是农村集体土地产权制度的重要内容,其中土地所有权不仅包括占有权,还包括使用、收益和处分的权利,其中处分权可包括转让、出租、抵押等权利。土地使用权隶属于土地所有权,它在一定年期内有使用、收益和有限处分的权利。

(3)集体土地产权的各项权能是可以分解的。由于土地产权是一组权利束,它可以分为所有权、使用权、收益权、转让权、租赁权、居住权等多种,相应地,其产权主体可以相同,也可以不同。

(4)集体土地产权制度作为一种制度安排,具有提高产权效益的内在机制。根据西方产权经济学理论,市场经济是有交易的经济,交易的本质是产权的交易,而且在现实生活中,交易是有交易费用的,任何一种产权制度,在市场产权配置过程中都应该有利于最大限度地降低交易费用,增加收益,提高交易效益。

(5)权利与义务对等。不同的产权权能类型,对应着不同的权利和义务,在落实和保障有关产权主体权利的同时,各产权主体也应承担相应的义务。

(三)集体土地产权制度的绩效

始于20世纪80年代初期的农村改革,奠定了现有农村土地产权制度格局。根据一些学者(林毅夫,1995;叶剑平,2000)的研究,当前农地产权制度的绩效主要表现在以下几个方面。

1. 降低了制度变迁的成本

家庭承包经营具有自发性,属于"内生性"的制度变迁。家庭联产承包责任制并没有从根本上触及集体所有制,而是保留和延续了这一制度,因而这一"自下而上"的要求易于被政府接受,因而降低了制度变迁的成本,增加了制度变迁的效益。

2. 解决了制度变迁中激励不足的问题

一项制度安排,如果不能有效地解决激励不足的问题,那么这项制度就是无效率的。反之,激励功能发挥得越好,说明制度安排的效率越高。"一大二公"的人民公社土地制度安排就是一个明显的例子,它之所以会出现效率不高、激励不足的问题,主要是不能有效地解决"搭便车"行为和监督困难的问题。相反,家庭承包经营的产权制度安排,以家庭为单位组织生产,有效地解决了上述两个问题。

3. 促进了农村剩余劳动力的转移

在集体化时期,农民虽然没有经营土地的动力,但也没有离开土地和集体组织的权利。家庭承包经营,农民成为经营主体和市场主体,可以自由地选择生产和经营方式,也可以选择经营农业或者非农产业。而土地承包权的长期化,既可以使农民放心地走出土地,促进农村劳动力的转移,又可以使农民在转移风险增长的时候,有保障地重新回到土地。

4. 推进了土地交易市场的逐步形成

明晰的土地产权为土地交易市场的形成创造了基础条件。目前,土地所有权的"交易"只是通过征地由集体转向国家,尚未形成交易市场。就土地使用权来说,其土地市场的交易形式较为多样,如农民之间的土地流转、土地入股、四荒拍卖等。由于集体土地产权制度的缺陷,目前我国土地交易市场还处于初级阶段。

(四) 集体土地产权制度的缺陷

1. 农村集体土地产权主体不明确

《宪法》第十条规定:"农村和城市郊区的土地,除由法律规定属于国家所有的以外,属于集体所有;宅基地和自留地、自留山,也属于集体所有。"民法通则第七十四条规定:"集体所有的土地依照法律属于村农民集体所有,由村农业生产合作社等农村集体经济组织或者村民委员会经营、管理。已经属于乡（镇）农民集体经济组织所有的，可以属于乡（镇）农民集体所有。"另外，《中华人民共和国土地管理法》第八条和第十条，也有类似的规定。从表面上看，这些规定明确了农村土地集体所有权的代表，但其实不然。在这些规定中，作为所有者的"农民集体"包含了乡（镇）农民集体、村农民集体及组农民集体等几种。同时，乡（镇）农民集体经济组织、村集体经济组织以及村民委员会等事实上都只能是集体土地的经营者或管理者，而不是所有者。土地所有权之主体作为民事权利主体，必须具备意思能力，要么是自然人，要么是法人。然而，上述所谓的各种"农民集体"在法律上的内涵究竟是什么，不得而知。因为"农民集体"并非一严格的法律术语，很难确切地得知其中的权利义务关系。农村集体经济组织与其成员之间的权利义务关系也呈现模糊状态，表面上似乎"人人都有"，但实际上集体成员既不清楚自己在集体土地中所拥有的份额，也不能通过完善的组织机构行使权利，即"人人没有"。也正因为如此，虽然《中华人民共和国土地管理法》第十一条规定："农民集体所有的土地，由县级人民政府登记造册，核发证书，确认所有权。"但是，中国现阶段的土地登记，主要集中在对国有土地使用权和集体土地建设用地使用权的登记，集体土地的确权发证工作仍然主要停留在法律层面，而未全面开展。那么，现实中又是哪些组织在行使所有者的权利呢？大多数是乡（镇）政府、村民委员会在行使这一权利，由它们负责与征地单位或部门协商谈判，由它们接受征地补偿费用等。实际上，乡（镇）政府是国家基层政权，村民委员会是乡（镇）行政管理职能的延伸，都是国家政权的神经末梢，它们都不是合法的所有权代表。这样，多个非法主体的介入，就难免不使集体土地产权主体产生混乱，从而也使征地补偿费的分配难以做到合法合理。

2. 农村集体土地所有权权能弱化

首先，集体土地所有权权能具有不完全性。在使用权能方面，根据《土地管理法》第四十三条规定："任何单位和个人进行建设，需要使用土地的，必须依法申请使用国有土地。但是，兴办乡镇企业和村民建设住宅经依法批准使用本集体经济组织农民集体所有的土地的，或者乡（镇）村公共设施和公益事业建设经依法批准使用农民集体所有的土地的除外。"由此可见，农民集体所有的土地一般只能用于农业生产或农民宅基地和兴办乡镇企业等与集体密切相关的建设，而不得用于能够产生巨大经济效益的房地产开发等项目，从而使集体土地所有权的使用权能呈现出不完全性。在收益权能方面，要在集体所有的土地上进行房地产开发，必须先由国家通过征用将集体所有的土地转变为国家所有后才可以出让，使得本应属于集体所有的土地收益权受到了限制。在处分权能方面，法律规定农村集体经济组织对其所有的土地不得买卖，或以其他形式非法转让。同时，《土地管理法》第三十六条还规定："禁止占用耕地建窑、建坟或者擅自在耕地上建房、挖砂、采石、采矿、取土等。"这些规定都从不同侧面限制了农民集体对其所有土地事实上的处分权能。其次，集体土地所有权的转移具有单向流出性。《土地管理法》第二条规定："任何单位和个人不得侵占、买卖或者以其他形式非法转让土地……国家为公共利益的需要，可以依法对集体所有的土地实行征用。"暂且不谈现实中国家征收集体所有的土地的目的不仅包括纯粹的公共利益，还包括大量商业性开发的事实。仅就这条规定本身我们可以看出，农民集体之间的土地所有权的买卖、赠与、互易和投资已被明确禁止，而在集体土地所有权与国有土地所有权之间，土地只能通过征收的形式由集体流入国家。这种单向转移的后果必然是国有土地的范围不断增加，集体土地的范围不断减少，其实质是国家借用立法权、行政权与集体争夺经济利益的结果。由于集体土地所有权的不完全性和转移的单向流出性，直接造成农村耕地大量流失，严重损害了集体经济组织和农民个人的利益。

3. 农村集体土地产权真正主体的缺位，使本该属于集体部分的征地补偿费被国家基层政府占用

由于农村集体土地产权真正主体的缺位，导致了不是农地所有权代表的主体代替其真正的主体行使了全部或部分所有权。因此，在实际中，各种非真正主体占有征地补偿费的现象屡见不鲜。据国土资源部的调研，由于许多省、区、市的乡（镇）、村已没有集体经济组织，农村的经济发展和建设及其土地的经营、管理统一由乡（镇）政府、村委会负责。长期以来，一些乡（镇）、村主要干部自认为兼有土地所有者和管理者的双重身份，经常出现以

行政管理权替代土地所有权的现象,在国家征地时常常以农民集体利益的代表自居。这样,村委会和一些乡(镇)政府往往参与征地补偿费的分配,所占份额一般为10%~30%,河南、广东、湖北、甘肃等省的一些县政府甚至也参与征地补偿费的分配。另据调查,在采用统一组织征地方式或采用征地包干费形式进行补偿的地区,大多数集体经济组织获取的征地补偿费份额约50%,各级地方政府部门在现行征地制度中获取的征地补偿费的比重最高达80%,最低也占13%。

四、征地中的产权模糊性、公共域与政府管制

(一) 产权、公共域与租金消散机制

根据产权理论,我们知道一项资源的产权如果没有被界定清楚,则必然会出现公共域。在公共域内,由于价格机制不能发生作用,处于公共域内的有价值资源的租金会发生消散,进而产生同"公地悲剧"一样的无效率。在产权理论看来,任何交易在本质上都是产权的交易。产权在现实中不能被清晰界定主要是由以下两个原因造成的(吴建军,2007):

(1) 由于经济物品往往具有多方面的属性,要完全精确地度量这些属性进而清晰界定产权对于有限理性、信息不完备的人类来说成本极大,甚至不可能。人们处于成本收益的角度通常只会给最有价值,且相对来说容易度量的属性进行定价,而让其他属性处于无价格状态,即产生"公共域"。

(2) 由于政府的原因人为地使经济品的某些权利没有被界定,出现产权弱化,从而产生"公共域"。公共域的出现,会诱使当事人从事取得公共域内的"租金"的"追租"行为,直至其追租的边际收益等于边际成本。但追租者的边际收益、边际成本与整个社会的边际收益、边际成本并不一致,从而产生了效率损失和公共域内租金消散。

租金消散并不是指有价值的资产本身变得毫无价值,而是指为了获得这项有价值的资产,人们付出的成本与这项资产的价值相等,而且这些成本付出并没有创造出新的财富,也就等同于这项资产变得没有价值。当然,这里

所指的"公共域",并不一定是指有价值的资产完全处于"公共域",而有可能是部分地处于"公共域"。在现实中,由于资源的产权没有被界定而发生租金消散的例子比比皆是。例如,公共牧场中鱼的数量远比私有鱼塘的数量少;公共果树上的果实不会成熟等。这表明,一旦资源被置于公共域内,其租金不可避免地发生消散。

(二) 群雄逐鹿攫取公共租金的征地行为

在当前的农地制度下,由于产权的模糊性,在征地过程中,群雄逐鹿,攫取公共租金的行为可谓"八仙过海,各显神通"。

1. 土地换皮鞋的璧山故事

重庆市璧山县原本是一个农业县,最近几年迅速成长为西南地区最大的皮鞋集散地。据璧山县公布的数字,1998年全县生产皮鞋的产值已达10亿元,年产皮鞋3300万双左右,辐射全国各地,皮鞋业已发展成为当地的支柱产业。

但该县皮鞋业发展的代价是什么?很少有人关注。

据国土资源部调查,该县主要的公路两旁已几乎没有耕地。几年来,璧山县政府共违法批地6000多亩,其中耕地3000多亩。在全国耕地冻结期间(1997年4月至1999年1月1日之间,即新《土地管理法》制定期间,全国耕地占用一律冻结),璧山以违法批地"破了全国纪录"(董沛,2000)。

璧山县如此大规模征地的背后,是巨大的经济利益。农村土地虽属农民集体所有,但一旦被国家征用,土地便变为国家所有。按照1987年施行的《土地管理法》,在产权变更过程中,政府所付的并非市场价格,而是该耕地被征用前3年平均年产值3~6倍(从1999年1月1日开始施行的新《土地管理法》改为6~10倍)金额的土地补偿费、每一个需要安置的农业人口乘以该耕地被征用前3年平均每亩年产值的2~3倍(新法改为4~6倍)的安置补助费,以及一定数额的种植物补偿等。在璧山,这些补偿加在一起是每亩1万元左右。土地产权由集体变为国有后,地方政府便以超过获得所付补偿几十倍的价格出让土地使用权。在土地用途变更过程中,企业集团与地方政府之间的"团结合作",使得大量的土地增值资金被攫取,有些转化为皮鞋产业发展的投入，有些进入了地方政府以及官员个人的账户。

这样的故事在全国经济发展中还有很多。"以地生财"、"土地经营"是当前地方政府叫得最响的口号之一。在征地过程中，"涨价归公"的思想认为农村土地转用后带来的增值收益理应收归国有，理由是社会、经济发展导致土地自然增值，所以应该由社会共同占有这部分增值收益。然而，涨价事实上并未归公，土地转用后的巨额增值收益，大部分被中间商（如房地产开发商）或地方政府所获取，而"一生下来就完全同样地参与社会缔结和创建"并作为土地所有者的农民，却分文未得或者所得甚少（鲍海君等，2002）。一项调查表明，如果以成本价（征地价加上地方各级政府收取的各类费用）为100，则拥有集体土地使用权的农民只得5%～10%，拥有集体土地所有权的村级集体经济组织得25%～30%，60%～70%为政府及各部门所得，而从成本价到出让价之间所生成的土地资本巨额增值收益，则大部分被中间商或地方政府所获取。图2－3更直观、形象地反映了土地征用利益在农民、集体经济组织、政府及各部门之间的分配。

这个案例非常清楚地说明了在现行农地制度下，由于集体土地产权的脆弱性，土地租金被地方政府以及力量强大的企业集团所攫取。而农民在不断失去土地产权的同时，农村也不断失去了农业发展所必需的资本积累。

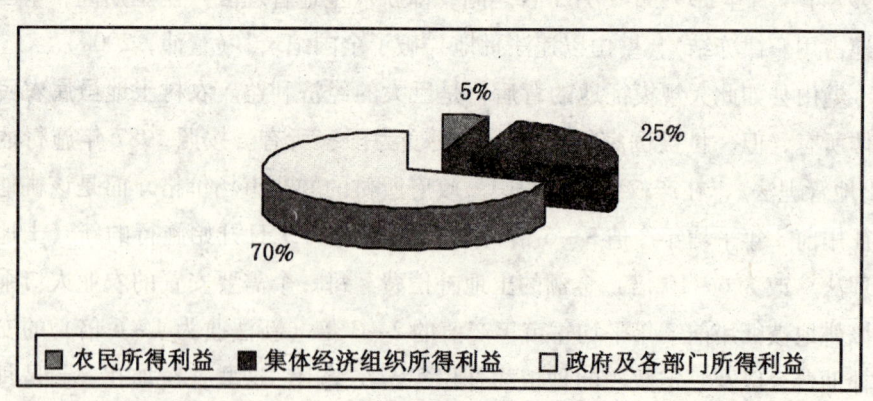

图2－3 土地征用利益分配状况

2. 中纪委里出现浙江×村村民信访材料

在城市化进程中，由于市政建设需要，浙江某县征用了×村269亩土地。按照市政府规定，每亩田补偿农户现金6万元，同时从其他地方调拨返还25%的土地，即69亩土地，作为×村村民宅基地和村集体的建设用地。据此计算，这些地如果分给200多户人家，每家可以得到一间房大小的宅基地。由于返还地的位置靠近市政规划的新城，有很大的商业利用价值，×村许多村民指望以后卖这块地皮发财（有人算了账，每家光转手卖地就能从中获利10万元以上，更不用说建房以后再卖或者出租了）。但当时的村干部没有把返还土地分到村民手中，而是和县城建指挥部做了一笔交易：在这片土地上建房由村委会支配，县城建指挥部负责办建房手续，并可以租用一幢建筑开茶馆。河东11亩土地送给镇政府，让县领导干部作为宅基地。1998年，按照这个方案开始动工建房时，村民100多人聚集在河东建房的工地上，阻止工程队建房。在对峙中，城建指挥部承认他们占了村民的地，但说这是村委会主任同意的，而且有新的地皮调换。但村民经调查发现，计划用来调换的土地已经卖给开发商，1998年签的协议，一共6亩。开发商答应为村委会干部代办一座6层建筑的土地使用权手续，村委会可以建房出租。村民认为，这样实际上等于征地后返还的利益都由村干部支配，村民不能分享。为了要回土地，村民不断向上级反映，并且有700多村民联名的举报材料上交到了中纪委（张静，2003）。

在这个案例中，地方政府根据当地的实际情况，在征地时灵活运用国家的有关法律，将一部分利益给了农民集体。这是还利于民的做法，但是村干部却利用集体土地所有权的模糊性，代表村民与发展商、政府有关部门协商，试图攫取市政府返还给村集体的那一部分利益。

3. 征地款死人竟比活人分得还多

2002年，浙江金华浦江县仙华街道办事处大许村被浦江县政府征收了部分土地用以开发工业园区。该村第五村民小组（共39户农户）在分发土地征用补偿款时，有22户要求按1992年时的承包土地面积来计算分发征地款。根据小组成员表决结果，征地款不按1998年的土地承包合同分发，而是根据1992年时的土地承包合同来分。并且，1992年后增加的人口，每人只能分到

4000元钱，此后死亡及迁出的人口扣除4000元钱，照样能分到征地款。此外小组还规定，在以后征地时，征地款多出部分才能分给1992年后新增人口及迁入的人口。根据这样的办法，征地款死人要比1992年后新增或迁入的活人分得还多。

这样的处理方法，虽然是尊重多数意见，但是这对少数人造成的利益侵害却是事实。如该村一户农民，1992年土地承包时，他家只有他和父母3人，1998年土地承包时，他家已经增加了两个人，即他的妻子及女儿，这样，土地面积也相应地增加了，全家共有3.3亩田。2002年征地时，他的一块田被征收了。村民小组所作出的征地款发放办法明显侵犯了他的权利，其妻子和女儿仅分得了很少的征地款份额。

这个案例表明在现行土地制度下，农民个人的利益可能会受到同样作为弱势人群的多数农民以群体投票表决的侵害。这是常被人们忽略的一种侵害，但这种侵害对农民个人造成的伤害是十分严重的。农民的权利为何还会受到弱势人群的侵害？答案是制度和产权使然。在我国市场经济逐步确立的过程中，作为市场经济最基本的准则之一利润最大化是每个人都清楚的，但是我国农村土地制度改革的滞后，使得制度无法保障农民集体和每个个体农民的土地财产权利。在这种制度环境下出现弱势人群侵害弱势人群的权利是不足为奇的，因为是公共租金，谁都想分一杯羹！

（三）征地中的公共域、租金消散与政府管制

众所周知，20世纪80年代初的中国改革大业，实际上是从农村土地制度变革起步的。一个简单得不能再简单的"大包干"，带来了改革开放与现代化成长30年的辉煌。然而，在农村改革前行中，恰恰又是农村土地制度的整合，成为横在人们面前的一大难题。本书的研究表明在现行征地制度下，农民集体和农民个人的财产权利正遭受到各种利益集团的侵害。这些利益集团包括地方政府、企业集团、村干部，甚至还包括同样作为弱势人群的农民团体。农民集体的利益受到地方政府和企业集团等侵害，农民个人利益的侵害主体除了地方政府和企业集团外，还有村干部和同样作为弱势人群的农民团体。

在我国城市化快速发展的过程中，如果还是按照现行的征地制度，无论是国家的经济安全还是政治安全，都会受到影响，不利于社会主义新农村建设。经济影响已经暴露无遗，各级政府和各利益集团攫取的土地增值租金是造成目前大家有目共睹的农村贫困事实的原因之一。由于农民贫困、收入低，进而又产生了国内需求不足、宏观经济形势不稳的局面。政治影响也日渐明显，失地农民静坐示威时有发生，而近来报道的阿根廷失地农民暴乱一案已足以让我们掩卷深思。

征地中公共租金被过度攫取的关键原因是产权问题。对此，我们是噤若寒蝉，还是含糊其辞，抑或是旗帜鲜明地进行改革？答案应该是清楚的。解决农村土地问题，关键是农村土地产权问题。在解决土地产权问题上，政府是选择确定产权规则从而让大家在明确而有预期的规则下使用土地，还是选择在模糊而充满不确定性的规则下让大家凭借其政治力量角逐土地租金？这个答案也应该是清楚的。像30年前的"大包干"一样，在土地产权改革中政府政策也该积极回应民间的创新并加以完善和推广。如果通过改革，每个人的土地财产权利都能得到有效的保障，那么征地中产生的公共租金鹿死谁手的疑惑也就不复存在了，社会主义新农村建设将会朝着更加和谐、协调的方向发展。

总之，征地中的公共域、租金消散与政府管制的关系为：在农地产权没有被清晰界定的情形下，那么一部分农地产权将进入公共域，由于这部分权利排他性很弱，人们竞相使用导致租金消散，同时政府对农地自由转让权的限制，也导致了租金消散。如果政府管制使农地产权界定得更加清晰，那么这种管制就会缩小公共域的范围，进而减少租金消散；相反，如果政府管制使公共域产生或更大程度地产生，那么将不可避免或更大程度地发生租金消散。

第三章 我国征地制度变迁的回顾与评价

本章对我国征地制度的变迁做了历史性回顾，在此基础上，对现行征地制度作出了评价，认为现行征地补偿的问题主要是：沿用计划经济时代补偿标准，与市场经济时代不相适应；放弃了公平合理的补偿原则，不符合国际惯例；补偿标准低（尤其是重点工程）、方式单一，社会矛盾不断激化；土地发展权管制、涨价归公，农民无法享受土地增值收益等。征地程序存在的问题主要是：征地行为透明度低，农民知情权、参与权缺失；听证程序徒具形式；对征地行为的监督不力以及对被征地人的救济措施不足等。征地安置存在的主要问题是：大都采用货币方式且标准低下，对失地农民的居住安顿、重新就业、生活观念和生活习惯转变等问题，都未予考虑，使得失地农民成为既有别于一般农民，又不同于城市居民的边缘群体——弱势群体，失地农民面临着极大的风险。最后，提出了在城乡二元结构下我国征地补偿的特殊性。

第一节 新中国成立以来我国征地制度的变迁

一、立法起步阶段：1950~1957年

在国家土地法规中，最早提到土地征用是在1950年6月24日，中央人民政府政务院公布的《铁路留用土地办法》第五条规定："铁路因建设关系，

原有土地不敷应用或有新设施需要土地时，由路局通过地方政府收买或征购之。"1950年9月16日，政务院关于《铁路留用土地办法》的几点解释中，进一步明确："至于地价问题，凡接收国民党政府时期之路基地产，经过征用程序有案可稽者，一般不予补发地价，对确实贫困之所有权人，可酌情补助；其未办征用程序以及新占用者在未进行土改以前，应照原办法第六条由路局通过地方政府收买或收购之。""征用公地，无须发价，如所征土地系土地改革法第三条：学校、孤儿院、养老院、医院所依靠该土地收入维持费用者，应通过地方政府发给地价。"

1950年11月21日，中央人民政府政务院第58次政务会议通过并公布执行的《城市郊区土地改革条例》（下文简称《条例》）规定了因市政建设需要征用土地的补偿问题。该条例第十四条规定："国家为市政建设及其他需要征用私人所有的农业土地时，须给予适当代价，或以相等之国有土地调换之。对于耕种该项土地的农民亦应给予适当的安置，并对其在该项土地上的生产投资（如凿井、植树等）及其他损失，应予公平合理的补偿。"

此后，随着各项制度的逐步确立，经济建设蓬勃开展，产生了大量的土地需求。为了保障国家经济建设的土地需求，中央人民政府于1953年12月5日通过了《政务院关于国家建设征用土地办法》。这是新中国第一部比较完整的土地征用法律规定。该办法规定征用土地应该尽量用国有、公有土地调剂，无法调剂的或者调剂后对被征用土地者的生产、生活有影响的，应该发给补偿费或者补助费。对被征用土地的补偿标准是：一般土地以其最近3~5年产量的总值为标准，对于茶山、桐山、鱼塘、藕塘、桑园、竹林、果园、苇塘等特殊土地，可以根据具体情况变通办理。如另有公地调剂，也须发给被调剂土地的农民以迁移补助费。被征用土地上的房屋、水井、树木等附着物及种植的农作物，要按公平合理的代价予以补偿。

从新中国成立初期到《政务院关于国家建设征用土地办法》颁布并实施的这一时期，征用土地的对象主要是农民的私有土地。在征地补偿方面强调"公平合理"的原则，强调要"给群众以必要的准备时间，使群众在当前切身利益得到照顾的条件下，自觉地服从国家利益"，不突出土地征用的"强制性"（冯昌中，2001）。

二、调整阶段：1958~1964 年

由于上一阶段征地的审批权限比较宽松，致使部分省市在征地过程中出现了严重的土地浪费现象。此外，由于农业生产合作化运动遍及全国，农村土地由农民私有转变为集体所有，生产资料所有制发生了根本变化，原来制定的征用土地办法已经完全不能适应新形势下的国家经济建设要求。因此，1958 年 1 月 6 日经全国人大常委会第 90 次会议批准，国务院公布施行了经修订的《国家建设征用土地办法》（下文简称《办法》）。该办法除了着眼节约用地外，将补偿标准由原来的"一般土地以其最近 3~5 年产量的总值为标准"，改为"以它最近 2~4 年的年产量的总值为标准"。土地补偿费的发放，属于征用农业生产合作社土地的发给合作社，属于征用私有土地的发给所有人。对于征用农业生产合作社的土地，如果社员大会或者社员代表大会认为对社员生活没有影响，不需要补偿，经县级政府同意，也可以不发给补偿费。征用农业生产合作社使用的非社员的土地，如果土地所有人不从事农业生产，又不以土地收入维持生活，可以不发补助费，但必须经本人同意。对于被征用土地者的安置问题，新办法强调了被征用土地的农民在农业上安置，不要过多地要求转业。

此后很长一段时间内，我国对于征地补偿问题一直按照 1958 年修订的《国家建设征用土地办法》执行。期间值得说明的是国务院通过上收征地审批权（1962 年上收，1964 年 7 月适当下放）和严格禁止楼堂馆所建设（1964 年 5 月 7 日国务院颁布关于严格禁止楼堂馆所建设的规定，1964 年 7 月 24 日颁布其补充规定）限制征地审批，并要求各建设单位早征迟用、多征少用和征而未用的土地，必须根据国务院和省的有关规定，坚决退还给生产队耕种。

三、立法停滞阶段："文化大革命"时期

十年"文化大革命"期间，由于国内大环境因素，土地征用的立法工作

基本处于停滞状态，只是在 1973 年 6 月 18 日，由国家计划革委会和国家基本建设革委会发布关于贯彻执行国务院有关在基本建设中节约用地的指示的通知要求：对基本建设征用土地，各地区、各部门必须加强管理，严格执行征地审批制度，认真办理征地手续。凡是初步设计未经批准的项目，不许征用土地。初步设计批准后，也要根据工程的建设进度，分期分批办理征地手续。征地的审批权限则严格按照 1964 年 7 月 20 日《国务院关于国家建设征用土地审批权限适当下放的通知》的规定办理，征地 10 亩以上，须报省一级人民政府审批。

四、转型阶段：1982～1998 年

十一届三中全会以后，随着邓小平同志"以经济建设为中心"的国家总体发展思路的确立和"健全社会主义法制"理论的提出，国民经济建设全面复苏，建设用地需求大幅度增长，国家建设征用土地出现了一些新情况和新问题。从规范化、法制化和便于操作出发，经 1982 年 5 月 4 日全国人大常委会原则通过，国务院颁布并施行《国家建设征用土地条例》（下文简称《条例》）。该条例同 1958 年修订执行的《办法》相比，无论政策的深度或广度，还是内容均有大幅度增加。

该《条例》第九条、第十条明确指出征用土地的补偿费用包括土地补偿费、青苗补偿费、附着物补偿费和农业人口安置补助费，这些原则沿用至今。征用耕地（包括菜地）的补偿标准，为该耕地年产值的 3～6 倍，年产值按被征用前 3 年的平均年产量和国家规定的价格计算。对于其他土地的补偿费以及青苗补偿费、附着物补偿费和农业人口安置补助费的标准，该条例没有作出规定，而是规定由省、自治区、直辖市人民政府制定。此外，《条例》第十二条、第十三条对因征地造成的农业剩余劳动力提出了留地安置、乡镇企业安置、农转非后招工安置等多项安置途径。

1986 年 6 月 25 日，全国人大常委会第 16 次会议通过了《中华人民共和国土地管理法》（下文简称《土地管理法》），该法在总结经验的基础上，采纳了国家建设征用土地条例中的大部分规定，并将其上升为法律。自 1987 年

1月1日《土地管理法》施行时,《国家建设征用土地条例》同时废止。该法规定征用耕地的补偿费,为该耕地被征用前3年平均年产值的3~6倍。征用其他土地的补偿费标准、附着物以及青苗的补偿标准,由省、自治区、直辖市参照征用耕地的补偿费标准规定。征用耕地的安置补助费,按照需要安置的农业人口数计算。需要安置的农业人口数,按照被征用的耕地数量除以征地前被征地单位平均每人占有耕地的数量计算。每一个需要安置的农业人口的安置补助费标准,为该耕地被征用前3年平均每亩年产值的2~3倍。但是,每亩被征用耕地的安置补助费,最高不得超过被征用前3年平均年产值的10倍,并且土地补偿费和安置补助费的总和不得超过土地被征用前3年平均年产值的20倍。征用其他土地的安置补助费标准,由省、自治区、直辖市参照征用耕地的安置补助费标准规定。

五、立法修改阶段:1999~2003年

20世纪90年代以来,我国城市化快速推进,经济发展迅速,加上1994年我国财政实行"分灶吃饭",地方政府成为一级利益主体,我国各地出现了"圈地热",地方政府纷纷"以地生财"。在此状况下,我国城市用地急剧扩张,而人均耕地面积不断减少。为了保护耕地,1998年8月29日,经第九届全国人大常委会第四次会议审议通过,新修订的《土地管理法》于1999年1月1日起正式施行。新《土地管理法》取消了市县一级人民政府的征地审批权,同时上调了各项补偿安置标准。该法第四十七条规定征用耕地的补偿费用包括土地补偿费、安置补助费以及地上附着物和青苗的补偿费。征用耕地的土地补偿费,为该耕地被征用前3年平均年产值的6~10倍。征用耕地的安置补助费,按照需要安置的农业人口数计算。需要安置的农业人口数,按照被征用的耕地数量除以征地前被征用单位平均每人占有耕地的数量计算。每一个需要安置的农业人口的安置补助费标准,为该耕地被征用前3年平均年产值的4~6倍。但是,每公顷被征用耕地的安置补助费,最高不得超过被征用前3年平均年产值的15倍。土地补偿费和安置补助费的总和不得超过土地被征用前3年平均年产值的30倍。

六、政策大调整阶段：2004 年至今

2004 年 10 月 21 日，国务院下发了《关于深化改革严格土地管理的决定》，随后，国土资源部出台《关于完善征地补偿安置制度的指导意见》、《关于开展征地统一年产值标准和征地区片综合地价工作的通知》，国务院办公厅转发劳动保障部《关于做好被征地农民就业培训和社会保障工作的指导意见》。这一系列的决议、行政规章及其配套政策，对现行征地制度架构进行了重大改革，最核心的是提高征地补偿标准，加大安置力度，标志着征地补偿安置进入了一个新的阶段。其特点是：

（1）征地补偿安置在指导思想上发生了根本转变，注重保护被征地农民的利益，强调不能因为征地而导致农民的生活水平下降，体现了"反哺农民"的指导思想和"以人为本"的执政理念。

（2）补偿标准进一步提高，土地补偿费和安置补助费的总额可以超过新《土地管理法》规定的 30 倍，并指出了资金来源。

（3）提出了新的补偿安置费用的测算方法，要求各地要制定并公布各市县征地的统一年产值标准或区片综合地价。

（4）在征地区片价出台之前，这是个过渡阶段。在这个阶段，征地补偿安置费用仍然沿用"年产值倍数法"测算，一旦区片价公布实施，将按新的办法和标准执行。

2006 年 8 月，国务院发布《关于加强土地调控有关问题的通知》，明确规定：被征地农民的社会保障费用，按有关规定纳入征地补偿安置费用，不足部分由当地政府从国有土地有偿使用收入中解决。

第二节 现行征地补偿的问题剖析

一、沿用计划经济时代补偿标准，与市场经济时代不相适应

通过对我国各个时期征地补偿标准的考察，我们可以看出现行征地补偿标准基本沿用1953年《政务院关于国家建设征用土地办法》（下文简称《办法》）的规定，不同的只是对补偿的倍数做了相应提高。而《办法》形成于计划经济时代，并和当时实行的重工业优先发展的赶超战略密切相关。由于当时资本稀缺的资源禀赋状况与重工业资本密集的特征相矛盾，政府便人为压低利率、汇率、工资、生活必需品、能源和原材料价格，以扭曲的要素价格通过计划手段推动重工业优先发展（林毅夫等，1994）。而土地在当时还根本不认为是商品，不具有资产价值，因此对其补偿只是从安置人们生产和生活的角度来考虑的。在计划经济条件下，所有的社会经济运行活动都服从于国家的计划安排。国家是一切生产活动的投资主体，也是唯一的利益主体。国家为工业化进行原始积累，在征地政策上体现的是国家利益至上，牺牲农业和农民的利益，发展经济。国家以较低的费用征得土地，同时国家负责把农民的生活出路及其工作安排好，不会出现什么社会矛盾。

1998年修订的《土地管理法》规定征地补偿费按照土地被征用前3年平均产值的若干倍来计算。但由于农产品市场信息不完备、农民把握市场能力不高、缺乏政府的引导以及土地利用方式、种植制度、市场情况等条件的不确定性，农地利用往往并不一定能够反映其最佳用途。所谓"前3年平均产值的6~10倍"并不能体现土地的最佳用途（汪晖，2002）。例如，由于种种原因在本来可以种植棉花的土地上种植水稻，在此情况下，按照稻田来测算地价本身就已经低估了土地的潜在价值，更不用说按照前3年平均产值6~10倍的计算方法来确定赔偿额了。显然，目前这种以现状用途产值为基数再乘以倍数的补偿费计算方法，只是计划经济体制下的补偿标准的延续，没有

科学依据。社会发展到今天，中国已经加入了 WTO，并积极寻求国际社会承认我国的市场经济地位。当前，土地的资产价值在我国日益显现，与现行征地补偿标准形成了巨大的反差。在这样的时代背景下，仍然沿用计划经济时代的征地补偿标准，是与市场经济时代不相适应的。

二、放弃了公平合理的补偿原则，不符合国际惯例

从我国征地补偿的变迁来看，目前我国的征地补偿标准已较以前有了大幅度提高，但是征地补偿标准的提高并不意味着农民得到了公平合理的补偿。因为随着社会经济的发展、物价的上涨尤其是土地资产价值的凸显，补偿标准幅度的提高已经大大抵消。值得注意的是新中国成立初期的《城市郊区土地改革条例》和《政务院关于国家建设征用土地办法》都规定了征地补偿的一个重要原则："公平合理。"但是这个原则从《国家建设征用土地条例》开始就不再在法律法规中提及，代之以土地年产值（原用途）的若干倍而不管这是否公平合理。国家于 2004 年 10 月 21 日发布了《国务院关于深化改革严格土地管理的决定》（下文简称《决定》），明确提出了土地补偿费和安置补助费的总和达到法定上限，仍不足以使被征地农民保持原有生活水平的，当地人民政府可以用国有土地有偿使用收入予以补贴。可以看出，国务院对征地补偿是非常重视的。但是，该《决定》对失地农民的保障还是非常有限的，只是提出了可以用国有土地有偿使用收入予以补贴的方法，并没有着眼给予失地农民公平合理补偿，而且该《决定》有违反上位法《土地管理法》之嫌。公平合理的补偿标准缺失是我国征地补偿法律法规建设的一个重大遗憾！反观发达国家的征地补偿，都强调以公平合理为原则，如美国宪法第五修正案包含的征地条款"... nor shall private property be taken for public use, without just compensation"。

三、补偿标准低（尤其是重点工程）、方式单一，社会矛盾不断激化

征地补偿标准低，已经成为社会各界的共识。因此，1998 年《土地管理法》修订时提高了补偿的倍数。但是补偿标准提高的幅度难以与物价增长和地价上升的幅度相比，农民事实上得到的征地补偿还是偏低的，尤其是一些重点工程（如大型的水利、交通工程）的征地补偿。值得格外注意的是《土地管理法》仍规定大中型水利水电工程征地补偿按照《大中型水利水电工程建设征地补偿和移民安置条例》规定的有关标准实施。《大中型水利水电工程建设征地补偿和移民安置条例》规定的补偿标准远比《土地管理法》要低，以征耕地为例，该《条例》第二十二条规定，大中型水利水电工程建设征收耕地的，土地补偿费和安置补助费之和为该耕地被征收前 3 年平均年产值的 16 倍。土地补偿费和安置补助费不能使需要安置的移民保持原有生活水平、需要提高标准的，由项目法人或者项目主管部门报项目审批或者核准部门批准。

由于征地补偿标准低、补偿方式单一，使得农民无法维持征地前的生活水平。一些重点工程用地，补偿费低得可怜，有些农民甚至无法维持正常的生活，使得失地农民成为既有别于一般农民，又不同于城市居民的边缘群体——弱势群体，失地农民面临着极大的社会风险。失地农民生活艰难，加上部分官员在征地过程中贪污、受贿、挪用征地款，导致了社会矛盾不断激化。

四、土地发展权管制、涨价归公，土地增值收益分配非农化

按照现行的征地补偿制度，被征农地只能获得原用途年产值的若干倍的补偿，集体土地所有者无权将自己的土地向收益更高的城市土地用途转换，土地发展权被管制、剥夺。据调查，在浙江、上海和江苏等地，一亩耕地的征地补偿费总额在 5 万～10 万元。而征地后，农地转换为建设用地，政府出

让的价格少则几十万/亩，多则几百万/亩，甚至达到上千万/亩（当然这里也有部分诸如绿化等用地。但是总的来看，政府在征地过程中是稳赚不亏的），转用后土地的巨额收益农民无法享受。据我们对浙江省部分地区的调查，2003~2004年亩均征地补偿费约占亩均土地出让价的25%，约占招标、拍卖和挂牌出让土地价格的4.3%（见表3-1）。另据调查（温铁军，2000），有些县级地方政府财政收入的20%~30%来自于土地出让收益，有些乡镇政府预算外收入的80%来源于土地出让收益。通过征地能够获得如此巨大的收益，于是一些地方政府又进一步提出了"以地生财"的口号，以占有土地资本化过程中产生的增值收益作为资本原始积累来源。

表3-1 2004年浙江省部分地区征地补偿价与出让土地价格的关系　　单位：元/亩

县市名	征地平均补偿价	出让平均价格	招拍挂平均价格	征地补偿价占出让平均价格的百分比	征地补偿价占招拍挂平均价格的百分比
杭州市区	97500.00	401288.14	3596922.71	24.30	2.71
嘉兴市区	28125.00	190673.51	389506.64	14.75	7.22
平湖市	23100.00	—	692877.33		3.33
金华市区	31208.00	147903.38	1039200.52	21.10	3.00
婺城区	17875.00	38365.23	299621.09	46.59	5.97
德清县	29000.00	126072.47	482757.88	23.00	6.01
萧山区	46650.00		2083533.31		2.24

如果说重工业优先发展的赶超战略导致早期对农民土地发展权的无偿剥夺的话，为何直到今日，这一现象还没有得到纠正呢？"涨价归公"的思想是根源，国内已有很多讨论。有些学者（如贾宪威，1995；许坚，1996；严星、黄安禔，2001）认为农村土地转换用途带来的增值收益理应收归国有，理由是社会、经济发展导致土地自然增值，所以应该由社会共同占有这部分增值收益。

"涨价归公"源自孙中山先生平均地权的理念。孙中山由于受到乔治·亨利学说的影响（周其仁，2001），认为土地增值收益是社会进步带来的，土地所有者并无贡献，因此主张把因社会进步带来的土地增值收益收归国有。迄今为止只有极少数人（如张小铁，1996；周其仁，2001）反对农地转换用途带来的增值收益应收归国有。周其仁（2001）认为，"涨价归公"错误的根源来自"各种资源的市值是由其成本决定"的错误观念，指出权利本身就有价。

即便按照"涨价归公"的理念来对照征地行为对土地发展权的无偿剥夺，也是不合理的。因为，一方面，"涨价归公"不等于涨价完全归公，任何国家或地区实行土地增值税税率都不可能是100%，但是现行征地制度对农民土地发展权的限制是不支付任何补偿的；另一方面，涨价事实上并未完全归公，土地从农业用途向其他城市土地用途转换中的增值收益被政府和用地单位（如房地产开发商）分享了。

五、补偿标准低，降低了配置效率和征地效率并延缓土地开发时机

（一）土地配置效率

投资者自然偏向于以较低的征地补偿费用取得土地，但是，以较低水平的征地赔偿费取得土地并不一定导致较高层次和最佳用途的土地利用，反而可能造成土地利用的低效率（Edens，1970），从而带来社会成本。

图3-1显示了要素相对价格变动后，要素最优组合的变动。从社会的角度来看，土地价值本来应该是R(t)，其技术替代率较之投资者要高，最优的投资组合应该导向更集约利用土地，在图3-1中显示为A点，此时资本投入量为K_1，土地投入量为L_1。但是对投资者而言，以低于潜在价值的征地成本取得土地，使得土地的边际技术替代率下降，从而被导向土地替代型的利用方式，即粗放利用土地，在图3-1中显示为B点，此时资本投入量为K_2，土地投入量为L_2。这样就产生了社会成本问题，损失了土地配置效率。

我国城郊大量存在的低度利用的现象就是一个很好的例子。

（二）土地开发时机

征地成本过低带来的另一个问题是延迟土地开发，即所谓"征而不用"、

"征而迟用"现象。原国家土地管理局1997年展开的土地大清查结果表明，1991～1996年，全国查出征用土地闲置达11.65万公顷，占征地总面积的5.8%，其中耕地6.28万公顷，占闲置土地总面积的54%。经营性房地产开发项目共征用土地14.34万公顷，其中到清查时尚处于闲置状态的达2.12万公顷，其中耕地1.35万公顷。

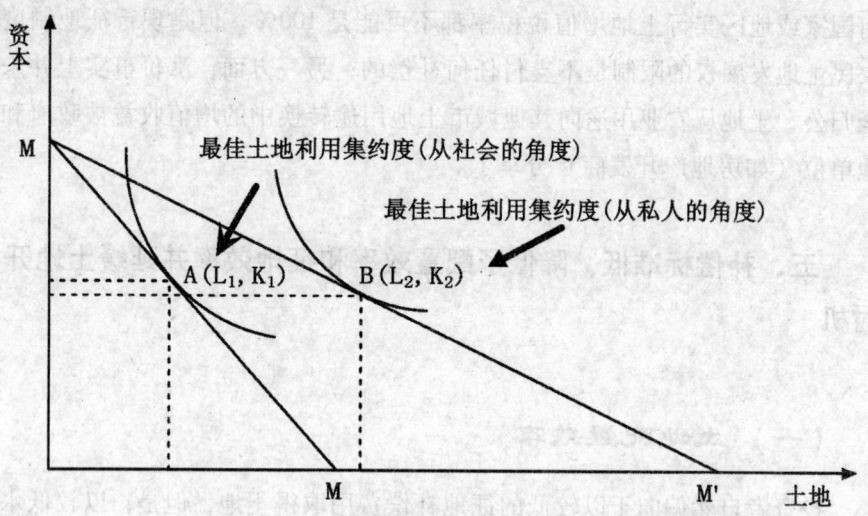

图3-1 征地成本与土地利用集约度（黄祖辉、汪晖，2002）

投资者追求的是利润最大化，在不考虑资金不足导致延误开发时机的情况下，"征而不用"、"征而迟用"是投资者等待最佳开发时机的结果。假定在时间t点上投资者将土地开发后出售[①]，获得地价$R(t)$，随着时间的推移，地价呈减速上涨[②]；投资者支付的征地费为v，在"征而不用"的情况下，投资者除了要支付征地费外，还须承担征地费的利息支出，假定利率为i。这样，投资者选择在时间t上开发获得的净利润现值为：

$$P = R(t)e^{-it} - v - \int_0^t vie^{-it}dt \qquad (3-1)$$

---

① 在此不考虑土地开发与出售的时间间隔。
② $R(t)$是扣除开发成本后剩下的净地价。假定地价呈递减上涨，即地价上涨率呈递减状态。以避免地价无限上涨的情形。在土地开发时机的讨论中，现有的文献一般都作这样的假设，早期Bahl在1968年就已经假设地价呈减速上涨。

利润最大化的一阶条件①为：

$$R'(t)e^{-rt} - rR(t)e^{-rt} - vie^{-rt} = 0 \qquad (3-2)$$

整理后得：

$$\frac{R'(t)}{R(t)} = r + \frac{vi}{R(t)} \qquad (3-3)$$

式（3-3）表明，当地价上涨率$\frac{R'(t)}{R(t)}$等于贴现率 r 加上征地费利息与低价之比$\frac{vi}{R(t)}$的时候，土地开发时机最佳。按照假定地价呈减速上涨，因此$\frac{R'(t)}{R(t)}$越大，土地开发越早。征地费 v 是事先给定的，不依时间变化而变化，v 越大，则$\frac{R'(t)}{R(t)}$越大，土地开发越早；反之，则会延迟土地开发。

可见征地补偿费越低，则土地开发的等候成本越低，土地开发被延迟。"征而不用"、"征而迟用"并非用地单位浪费土地，而是追求利润最大化的必然结果。但是，从社会的角度来看，在土地资源非常稀缺的情况下，"征而不用"、"征而迟用"确实是一种浪费。如果农地被足额补偿并给予农民土地发展权补偿，将有助于加速土地开发时机。

（三）征地效率：延迟成本和交易费用

由于征地没有按照农地的最佳、最高用途补偿且土地发展权被剥夺，征地补偿标准过低，容易引起农民的抗争，征地单位和农户往往陷入无休止的讨价还价，这就会引起延迟成本问题（高源平，1992），延迟成本包括对工程进度的影响、高额利息以及最佳市场时机的丧失等。与此同时，长时间的谈判引起的谈判成本，谈判破裂后征地单位借助法律强制征地，农户不断上访，以及法律诉讼，构成了征地过程中的交易费用。特别是较大的开发项目，征地面积大，涉及的村庄和农户数量较多，交易费用和延迟成本对土地开发有很大的影响。

---

① P 有极大值的二阶条件要求$\frac{d^2P}{dt^2} < 0$。

图 3-2 给出了征地补偿标准与延迟成本、交易费用之间的关系：当征地补偿标准位于较低的 B 点时，延迟成本和交易费用很高，对应于 C 点；反之当征地补偿标准位于较高的 A 点时，对应的交易费用和延迟成本较低，对应于 D 点。

因此，仅仅从土地取得的直接费用支出来衡量开发者的征地效率是不够的，必须权衡征地补偿费用与土地配置效率、土地开发时机以及延迟成本和交易费用，取得一个平衡点，才有可能带来兼顾社会利益和私人利益的较高的征地效率。

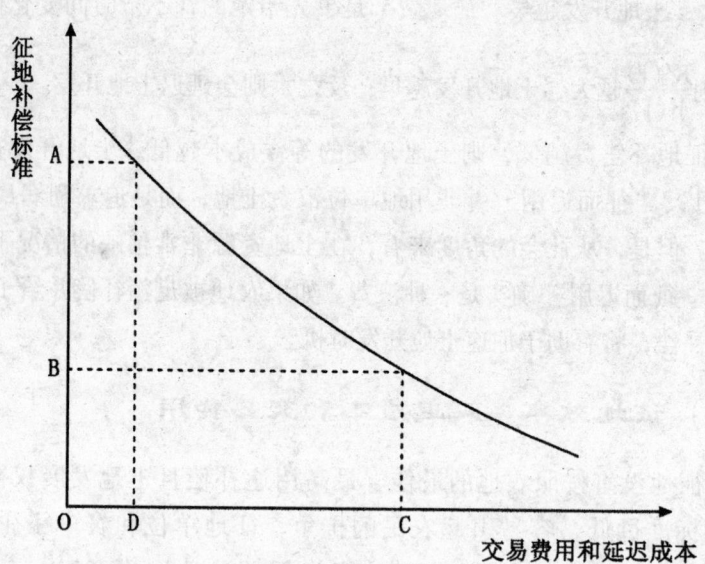

图 3-2　征地补偿标准与延迟成本、交易费用的关系（黄祖辉、汪晖，2002）

第三节　现行征地程序的问题剖析

征地程序是征地中的重要环节。我国现行的土地征收程序主要规定在《土地管理法》及其《实施条例》中。根据相关的规定，我国的征地审批机关是国务院和省级人民政府，如果征收的对象是集体所有的非农用地，则直接审批即可。但是如果征收的对象是农用地，则还必须先通过农用地转为建设用地的审批。

《土地管理法》确定的征地程序是先征地后公告，征地和供地分开。征地的依据是项目立项或者县市政府为实施土地利用总体规划的需要，征地前由土地管理部门进行调查核实情况，确定征地补偿标准、征地人员安置途径后拟订"一书四方案"，报有批准权的政府批准。征地批准后由土地管理部门实施征地公告、进行征地补偿登记和调查，拟订征地补偿、安置方案报县市政府批准后实施。

总的来说，我国的土地征收程序规定得过于笼统，很难切实地保护被征地人的合法权益（覃卉，2006）。

一、征地行为透明度低，农民的知情权、参与权缺失

征地是关系农民生产和生活的一件大事。作为受征地影响的土地的"主人"，理所当然地应参与到征地的全过程，并享有起码的知情权、参与权。但作为征收利害关系人的集体和农民在征地前基本被剥夺了知情权、参与权。

现行的《土地管理法》第四十八条和《土地管理法实施条例》第二十五条规定："征地补偿方案确定后，有关地方人民政府应当公告，并听取被征地的农村集体经济组织和农民的意见。"《征用土地公告办法》第九条规定："被征地农村集体经济组织、农村村民或者其他权利人对征地补偿、安置方案有不同意见的或者要求举行听证会的，应当在征地补偿、安置公告之日起10个工作日内向有关市、县人民政府土地行政主管部门提出。"由此可见，在土地审批之前，政府和需用地人并没有将征地信息告知被征地人的义务，被征地人对征地决定没有发言权，也无法提出异议。只有在审批通过后的征地过程中，其才有对补偿、安置方案提出意见和要求举行听证的权利。政府在征地过程中缺乏被征地人的参与，就缺乏了最有效的监督。

案例3-1 以前根本不知道有土地补偿费

湖南省长沙县星沙镇是长沙市经济开发区所在地,走进这里,一座座充满现代气息的写字楼、厂房、别墅不时映入眼帘,飞利浦、LG等世界知名企业的招牌十分醒目,呈现出一派繁华兴旺的景象。在开发区的边上,60多岁的大唐村农民沈青山住在县政府提供的过渡棚里,他家的土地1992年被征后,仅得到不足3万元的一次性安置补偿费,日子很艰难。和沈青山一样,这里还有200多户村民住在过渡棚里,他们和繁华的开发区仅仅是一墙之隔,却是两个景象。

失地农民彭瑞卿说:"以前根本不知道有土地补偿费,去年一个偶然的机会才得知政府在征地时要支付土地补偿费。"于是,星沙镇的失地农民觉得受了蒙骗,先后找到县市政府要求依法给予补偿,而长沙县政府说土地补偿费由政府统一掌管,不能直接发给农民,并且已将土地补偿费统一用于农民的生产生活安置,不可能再进行补偿。

那么,到底有没有给土地补偿费呢?杉星村农民邹宇红说:"从1995年到1999年除了原有住房换为安置房外,中间只拿到700元的青苗补助费,没有拿到一分钱的土地补偿费。"从长沙县政府当初征地的原始文件复印件——《长沙市人民政府国家建设征用土地审批单》上看到,这17000多亩土地均为青苗补偿费和房屋补偿费等项目,土地补偿费这一栏全部都是空白的。杉星村失地农民李自强说:"县政府说土地补偿费已用于我们的生产生活安置,可这账是明摆着的。"

彭瑞卿说:"土地补偿费由集体支配我们不反对,但村集体也从没有收到过土地补偿费。"他说,长沙县政府已将土地补偿费统一用于农民的生产生活安置的说法,根本就没有根据,当时被征地的农民和村集体组织从来没有收到过这项费用①。

---

① 参见2004年11月15日《经济日报》农村版。

该案例说明，在征地过程中，由于征地程序不完善，农民处于被动甚至被迫的地位。农民知情权和参与权的缺失，带来的直接后果就是农民利益的流失。

二、征地听证程序徒具形式

为了完善征地程序，国务院和相关部委先后出台了《国土资源听证制度》等规范，然而根据一些学者的调查，《国土资源听证规定》自2004年5月1日起施行至今，一些省市从未启动过征地听证程序。究其原因：一是被征地农民获取信息的渠道太窄，根本就不知道已经出台了这样的规定，或者知道有这样的规定也不知道如何利用听证程序来维护自己的权利。二是一些政府官员对国家这项规定的重要性认识不够，认为如果实施了听证程序，就会加大征地的困难，因此除了在征地过程中不实施或者不主动告知被征地农民之外，平时对该规定的宣传也十分不足。

三、缺乏有效的监督和公平裁决机制

对征收争议进行有效监督和公平裁决是保障征收公正合法的必要条件。为裁决征用者与土地所有者之间的争议，保障征地的合理性与公正性，其他国家和地区，除设立土地决策、咨询、执行机构外，还专门设立仲裁机构作为监督和争议解决机关。如日本设立土地征收委员会，香港设立土地审裁处，法国设立征收裁判所等。我国土地管理法及其实施细则等没有规定土地征收的监督和公平裁决机制。实践中，政府集土地征收者、土地交易者、土地争议裁决者等多种角色于一身，根本无法监督，导致大量违法征占土地的不法行为发生。

四、对被征地人的救济措施不足

根据《土地管理法》及其《实施条例》的规定，被征地农民对征地范围、征地补偿标准等有争议时,由县级以上人民政府协调,协调不成的由批准征地的人民政府裁决。显然,政府既是征地双方的当事人,又是出现征地争议时的裁判者,由于自身的利益驱使,其在裁判过程中很难保持公正,顾及被征地人的利益。另外,如果政府和需用地人在征地过程中出现违法或者不履行法定义务的情形,致使被征地人的合法土地权利受到损害时,应当承担何种法律责任,现行的法律法规中也没有明确的规定。

第四节 现行征地安置的问题剖析

征地安置,直接涉及农民的切身利益。新中国成立以来,我国征地安置大致经历了两个阶段。一是计划经济时期,实行"谁征地、谁负责安排就业"的原则。农村土地一旦被征,即由用地单位招工,安排就业,同时办理户口"农转非"。二是进入市场经济时期,传统的征地安置模式难以为继,货币安置被普遍采纳。相对于就业安置来说,货币安置操作简单。

1998年修订的《中华人民共和国土地管理法》规定:征用耕地的安置补助费,按照需要安置的农业人口数计算。需要安置的农业人口数,按照被征用的耕地数量除以征地前被征用单位平均每人占有耕地的数量计算。每一个需要安置的农业人口的安置补助费标准,为该耕地被征用前3年平均年产值的4~6倍。但是,每公顷被征用耕地的安置补助费,最高不得超过被征用前3年平均年产值的15倍。

很明显,我国现行的货币安置方式对被征地农民,法律和习惯上都只考虑给予经济上的补偿,而对失地农民的居住安顿、重新就业、生活观念和生活习惯转变等问题,却未予考虑。同时,我国现行的征地安置办法还明显留有计划经济时代的痕迹,即使是单一的货币安置,也存在着安置标准过低的问题。据调查,在浙江、上海和江苏等地,一亩耕地的征地补偿费总额在5万~6万元,而农民能够拿到的甚至只是其中的10%~15%(鲍海君等,2002)。如此低的征地补偿和安置标准导致大量失地农民转化为城市贫民。由于征地安置补偿标准过低,使得失地农民成为既有别于一般农民,又不同于城市居民的边缘群体——弱势群体,失地农民面临着极大的风险。

失地农民面临的社会风险主要有收入不稳定(失业风险)、大病风险、养老风险、"入乡随俗"的风险(见图3-3)。

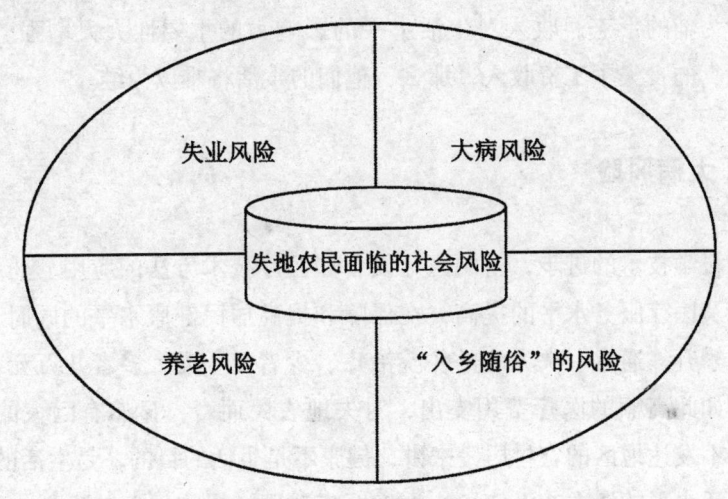

图3-3 失地农民面临的社会风险

一、收入不稳定(失业风险)

收入的不稳定直接导致失地农民生活水平波动。更明确地理解收入不稳定,实际上更多地包含了正常收入水平下降的含义。由于失地农民的收入来源已从传统的农业收入转变成非农经济活动收入的格局。这意味着相对于传统的农业收入而言,失地农民现时的收入具有更大的不确定性,将面临更大的市场风险。失地农民一般在乡镇企业和城市打工,但由于文化素质、知识技能相对较低,在城市中能从事的一般都是低声望、低技术劳动和低社会参与的职业。随着经济体制改革不断深化,全国范围内的市场经济体制基本确立,乡镇工业面临更加激烈的市场竞争,面临结构调整和第二次创业的严峻挑战。从市场竞争角度分析,乡镇企业在某些方面处于劣势,如市场信息、生产技术与设备、现代企业管理、人才资源等。因乡镇企业效益下降而导致职工收入减少,乡镇企业因亏损而宣告破产或发生兼并,或因企业缺乏订单而职工"暂时地休工",已经不是"新闻"。同时由于失地农民生活消费方式的转变,即从传统的自给自足的生活消费方式转变为以市场商品消费为主、自给消费为辅的形态,收入对生活水平的影响力的重要性大大增强。因此,假如一旦真的丧失了工资收入,那么,他们的生活将难以为继。

二、大病风险

医学科学技术的进步,新的医疗设备和医疗技术方法的应用、药品的更新换代以及医疗服务水平的提高,在保障和提高居民健康水平的同时,医疗费用大幅攀升。通常一次大病的住院治疗,少者几千元,多者几万元甚至几十万元。如此高额的医疗费用支出,对失地农民而言,显然有巨大的压力。对大多数不发达地区的农村居民来讲,健康不是生活的目的,是生活的手段,是提高生活水平的资本。人们担心大病医疗费用支出将侵害其生活水平的提高,更担心的是家庭收入来源的主要供给者患有大病,不仅需要支付大量的医疗费用,同时家庭的经济收入急剧减少,从而走上"一去不回头"的贫困路,导致因病致贫。

三、养老风险

由于劳动能力下降或机会丧失,老年人不再具有收入来源或收入明显减少,而表现为消费远大于产出。可见养老风险是客观存在的,每一个活着的人都将面临。失地农民目前的养老方式主要依靠传统的家庭养老模式。这种以约定俗成的规则,依赖子女供给的养老模式,总是具有一定的风险。而现实生活中,由于子女不承担义务等因素造成一些子女不赡养老年人的事实,无疑加深了人们的养老风险意识。农村计划生育的独生子女政策实施,所谓"421"家庭结构的观念,客观上增强了这种担忧。此外,失地农民由于文化素质较低,面临很大的失业风险,这又冲击着传统的家庭养老模式。随着生活水平的提高，人们对未来老年生活水平也有了更高的要求和期望，而未来究竟能否实现期望目标具有很大的不确定性。

四、"入乡随俗"的风险

长期以来，我国实行的是城乡分割的二元化政策。在这种政策的牵引下，城市居民和农村居民有着显著的区别，他们的生产方式和生活方式都有着明显的差异。失地农民由于长期生活在农村，其生产方式和生活方式带有明显的农村色彩。进城后，失地农民难以在短期内融入城市的生活和生产之中，而城市对其融入也有较大的排斥力。因此，失地农民面临着"入乡随俗"的风险。他们在城市对于社会地位提高的期望是微乎其微的。

此外，由于相关法律法规不完善，给失地农民的安置带来了法律上的风险（许宝健，2006）。涉及征地安置的只有《土地管理法》和《土地管理法实施条例》。从内容看，规定过于原则和笼统，缺乏可操作性。这首先表现在对征地安置费的分配和使用的规定上。《土地管理法》规定："被征地的农村集体经济组织应当将征地的补偿费用的收支状况向本集体经济组织的成员公布，接受监督。""禁止侵占、挪用被征地单位补偿费用和其他相关费用。"但对包括安置补偿费在内的征地补偿费如何使用未作明确规定，致使许多农民的"货币安置"的"货币"经常被截流、克扣、挪用，损害了农民利益。其次表现在安置途径和责任主体上。法律对征地安置的目标、原则未作规定，对安置途径、操作程序未作规定。同时，法律还没有规定究竟谁是安置失地农民的责任主体，是用地单位、农村集体经济组织，还是政府？安置纠纷如何解决，未负责的如何追究等，都没有相应的规定。

第五节　我国征地补偿与安置的特殊性

一、土地具有天然的社会保障功能

土地是农业最基本的生产资料和生产要素，是农业生产活动所必需的物质条件和自然基础，这就从根本上决定着土地自身有产出。土地自身产出是客观存在的，其物质基础就是由土地自身的物理结构、化学性质和生物性质产生的农作物生长发育的培育能力，即"土壤肥力"。土地自身产出表现在两个基本层面上：第一，只有当人的劳动作用于土地时，农业生产才能获得产品，人们不可能在原生岩石上耕种、收获。第二，土地的肥沃程度可以使同量劳动提供不同量的产品或使用价值。由此可见，在土地的总产出中，同时包括土地的自身产出和劳动产出，不能否认任何一方的存在。马克思对此写道："劳动并不是它所产生的使用价值即物质财富的唯一源泉。正如威廉·配第所说，劳动是财富之父，土地是财富之母。"土地自身产出的理论形态是：土地总产出－劳动产出＝土地自身产出。当然，在不同的土壤肥力、人地比例、种植品种、耕种方式、农产品价格等条件下，在实际操作中，土地的自身产出往往因时因地而异，很难得出一个普遍适用的、恒定的值。甚至在特定条件下，扣除劳动成本（物化劳动和活劳动）后，土地自身产出似乎是零或负值。但即便如此也不能否定土地自身产出的客观存在。因为土地自身产出为零或负值，可能是由于农产品价格机制的扭曲或是由于信息的不对称造成土地未能按其最高和最佳用途利用而产生的。正是由于土地自身存在产出，使得土地具有天然的社会保障功能。

二、城乡分割的社会保障现状决定土地承担部分社会保障功能

长期以来，我国城市实行的是高补贴、高就业的社会保障制度，即有了

城市户口就可享有就业机会及养老、医疗等一系列社会保险与粮食、副食品、住房等补贴，它们对保障社会的安全和健康发展有着不可或缺的作用。而农村由于受国家经济实力的限制，实行的是以群众互助和国家救济为主体的社会保障制度，例如"五保"政策、合作医疗制度等，其保障水平明显低于城市。自改革开放后，由于家庭联产承包责任制的实行，使原有的生产队集体保障功能大大减弱。1978~1984年，我国农村联产承包变革，普遍坚持土地福利性均分的原则，把土地作为保障农民基本生活需要的主要手段，将土地这一重要的生产资料的经营、转让及收益权赋予了农民家庭，并且通过土地政策努力协调公平与效率的关系。土地的福利绩效足以抵消其效率损失，从而为家庭经济的发展及其保障功能的恢复奠定基础，为农民的土地保障和家庭保障提供了制度安排。

三、土地社会保障功能的具体表现

土地作为一种资源性资产，其价值是由土地生产力决定的生产力价格（AE）和土地的无形价值（AP + AO）之和。在我国耕地资源特别稀缺的情况下，土地的无形价值更显重要，它主要指土地的存在对农民所具有的社会保障价值和为社会提供粮食安全作用而产生的社会稳定功能价值之和。具体到《土地管理法》的规定中，土地补偿费可以对应土地经济（质量）价格；安置补助费可以对应土地的存在对农民所具有的社会保障价值；耕地开垦费可以对应农地为社会提供粮食安全作用而产生的社会稳定功能价值。农用地转用价格用公式可表示为：

农用地转用价格 = 农地经济（质量）价格 + 农地社会价格 + 农地生态价格

即

农用地转用价格 = PAE + PAO + PAP

PAE 是指农地经济（质量）价格，PAO 是指农地社会价格，PAP 是指农地生态价格。

本书不打算探讨农用地经济（质量）价格、农地生态价格以及农地社会价格中的为社会提供粮食安全作用而产生的社会稳定功能价值,而仅探讨土地的存在对农民所具有的社会保障价值(见图3-4)。

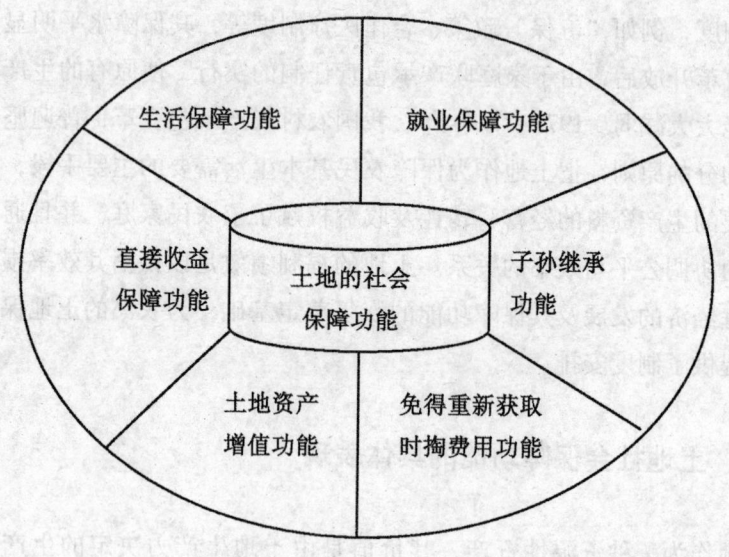

图3-4 土地的社会保障功能

土地的社会保障功能可归纳为以下6个方面:

(1)土地为本集体成员(农民)提供基本的生活保障。因为土地是最基本的农业生产资料,人们在土地上劳动会生产出生活必需的粮食等生活资料。土地的垄断使得只有本集体的成员拥有在自己所有的土地上劳动,并无偿取得报酬的权利。土地对集体农民的这一功效(效用)为生活保障功效(效用)。

(2)土地为农民提供就业机会。农民必须以土地作为劳动对象,或以其他生产资料作为劳动对象,其劳动价值才能在劳动过程中得到实现。农民若以土地为劳动对象,土地则为农民提供就业机会。土地对集体农民的这一功效(效用)为提供就业功效(效用)。

(3)某一集体对某一土地拥有所有权,相应地,该集体农民的后代就对相应土地有继承权。如果自己不是该集体的成员,自己的子孙就没有继承权

(中国人是特别重视为子孙留置财产的)。土地对集体农民的这一功效(效用)为子孙可以继承功效(效用)。

(4) 造成土地价格上涨的原因较多，例如改变土地用途提高土地生产率、土地所有者对土地的改良、他人投入带来的正的外部经济性等。无论何种原因造成的土地增值，土地的所有者都会得到好处。例如城市郊区的土地，由于城市扩建的外部经济性使土地增值。一旦农业用地被国家征用，土地的用途会发生改变，土地的价格会上涨。国家在征地过程中把土地价格上涨的部分付给集体，集体的成员从中得到补偿。土地对集体农民的这一功效(效用)为土地资产的增值功效(效用)。

(5) 如果土地的集体所有者把土地出租给别人，所有者向租赁者收取地租(绝对地租和相对地租)；如果自己直接经营土地，这部分收益就直接归所有者自己。土地对集体农民的这一功效(效用)为直接收益功效(效用)。

农民是集体的成员，有权利享受集体土地带来的好处。集体土地对土地所有者有上述5个效用，作为集体成员的农民，也应享有这5个效用。如果土地由集体统一经营，分配原则是"集体上缴国家税收和扣除经营成本(包括生产成本和管理成本等)后，剩余部分中一部分用作扩大再生产基金，剩余的分配给集体的农民"。实行家庭联产承包责任制后，土地承包到户。农民在"交够国家的，留足集体的，剩下全是自己的"分配制度下经营土地。集体将承担的国家税收、集体开支等分摊给承包户。同时，将集体对土地的权力(土地对集体的效用)部分分配给承包户。农民在承担了集体的义务后，享受集体对土地的权利(土地对集体的效用)。因此，集体的农民从集体承包的土地上可获得5个效用。农民对土地具有准所有权(受到集体所有权的限制，集体对农民承包的土地有处置权，因而这种所有权不全面，笔者称之为准所有权)。

(6) "免得重新获取时掏大笔费用的效用"。除了上述5个效用外，在土地产权不明晰的情况下，还有另外一种效用，即"免得重新获取时掏大笔费用的效用"。在土地产权明晰和法制健全的情况下，土地所有权的主体如果自己不使用土地，可以把土地租赁给别人，交易费用很小，可以认为其为零。而在我国现行的法律框架下，如果集体所有者中的某一个农民暂不想经营土地，他将土地交给集体，而过若干年后想重新恢复对土地的准所有权（如分得土地进行经营），集体没有能力保证这种权利的实现。如果 A 农民要暂时放弃土地的经营权进城经商，农民将土地交给集体，10 年后农民因经商失败而回家种地，集体能否保证无偿分给 A 农户应有的土地？理论上这是可以的，但如果到时没地可分（已经被别的农民经营），只能等土地调整时才有实现的可能。这种等待的成本是昂贵的，再加之农民要求分得土地时给有关干部支付的"研究费"，这种弃而复得的成本是十分高昂的。农民已经从实践中找到免予支付这种成本的办法——占有土地，即使不使用也不放弃（按现行政策农民有权这样做）。现在有些农转非的非农人口要转回农业户口的艰难使农民更加重视土地对农民的这个效用。这个效用是集体土地所有权基本矛盾的必然结果，是集体成员的农民在产权不明晰情况下对自身利益的保护，称这个效用为"免得重新获取时掏大笔费用的功效（效用）"。

从以上分析可以看出，土地对农民的社会保障有 6 个效用：生活保障功效（效用）、提供就业功效（效用）、直接收益功效（效用）、子孙可以继承功效（效用）、土地资产增值功效（效用）、免得重新获取时掏大笔费用的功效（效用）。需要说明的是：对不同的社会经济环境下的农民，上述 6 个效用的大小不尽一致。土地的社会保障价值与农民的人均耕地面积、耕地生产力水平以及社会经济发展水平有直接关系。人均耕地面积越小，单位面积的耕地对农民的社会保障作用越大，其社会保障价值也越大。在人均耕地面积一定的前提下，耕地的生产力水平越高，农民的收入水平和生活水平也越高，单位面积耕地对农民的社会保障作用越大。当然，社会经济的发展水平越高，土地的社会保障作用会越小。

四、失地农民与一般农民、城市居民在社会保障方面的差异

土地是农民工作和生活的重要场所和生存基础。拥有土地是农民与社会其他人群相区别的一个重要特征，也是农村家庭的核心禀性（梁鸿，2000）。由于农民拥有稳定的土地使用权，来自于土地的收入成为农民最基本最可靠的收入来源，是家庭保障最基本的经济基础，也是农民最后的一道生活安全

保障。在城乡分割的二元政策下，土地是国家赋予农民社会保障的载体。失去土地后，农民既丧失了拥有土地所带来的社会保障权利，同时又无法享受与城市居民同等的社会保障权利（鲍海君等，2002b），图3-5给出了城市居民、一般农民和失地农民在社会保障方面的差别。城乡分割的二元政策使得我国在征地问题上产生了特殊性。与国外不同的是，我国的征地补偿除了对土地进行补偿外，还要考虑土地对农民的社会保障补偿。

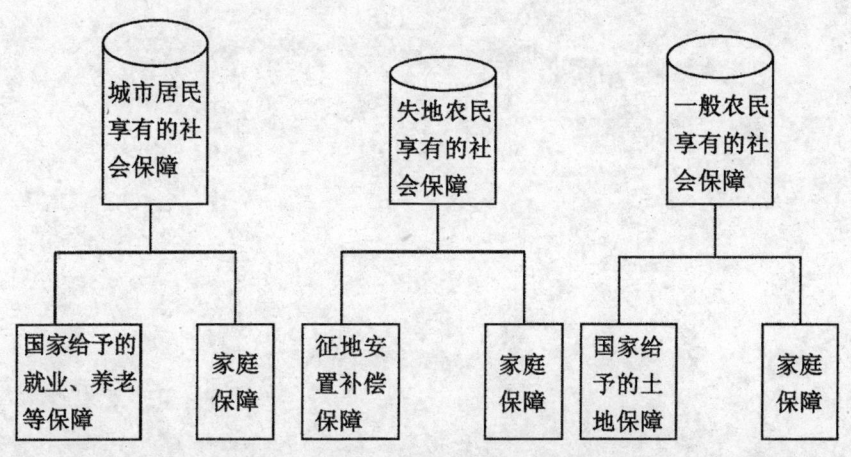

图3-5 城市居民、一般农民和失地农民享有的社会保障比较

第四章 浙江省各地征地管制政策变迁的探索与实践

本章以浙江省杭州市、衢州市、金华市、丽水市以及温州乐清市、台州温岭市为研究区域，对征地管制变迁做了较详细的田野调查，以了解浙江省各地征地管制变迁的路线图。调查表明，在城市化进程中，浙江省杭州市、衢州市、金华市、丽水市以及温州乐清市、台州温岭市等各级政府不断探索各种适合地方实际的征地管制政策，出台了征地区片综合价、失地农民基本生活保障制度以及留地发展政策等，在推进城市化的同时有力地维护了失地农民利益。田野调查还发现，城市化的推进使得城郊大量名特优产品基地被征收转用，造成名特优产品基地不断缩小，产品品质下降，这种现象亟待引起重视。

第一节 杭州市征地管制政策改革的探索与实践

一、杭州市概况

杭州是浙江省省会，全省政治、经济、科教和文化中心，是全国重点风景旅游城市和历史文化名城，副省级城市。杭州地处长江三角洲南翼，杭州湾西端，钱塘江下游，京杭大运河南端，是长江三角洲重要的中心城市和中国东南部交通枢纽。杭州市区中心地理坐标为北纬30°16′、东经120°12′。

杭州有着江、河、湖、山交融的自然环境。全市丘陵山地占总面积的

65.6%，平原占 26.4%，江、河、湖、水库占 8%，世界上最长的人工运河——京杭大运河和以大涌潮闻名的钱塘江穿城而过。杭州西部、中部和南部属浙西中低山丘陵，东北部属浙北平原，江河纵横，湖泊密布，物产丰富。杭州素有鱼米之乡、丝绸之府、"人间天堂"之美誉。

二、杭州市征地管制政策改革的探索与实践

（一）推行征地综合补偿标准

制定并实施《杭州市市区征地综合补偿标准》，在杭州市区首先建立区片综合补偿价制度。主要内容是：在杭州市区采取开发性安置和货币安置两种征地综合补偿方式。把杭州市区的土地分成菜地、园地、水田和山林 4 种类型，划分为 5 级以内、6 级、7 级、8 级共 4 个级别。应用土地级差地租理论，根据土地等级分别确定不同地类的开发性安置和货币安置的综合补偿标准，其中最高补偿标准是 5 级以内地段的菜地采用货币安置为每亩 21 万元，最低的是 8 级地段的水田采取开发性安置为每亩 8 万元。与原标准相比较，征地价格跨度基本一致，平均征地补偿标准适当提高了 2 万~3 万元/亩。市区征地综合补偿标准的实行，进一步显化了征地标准，平衡了征地价格，保护了农民的合法权益。全市各相关区、县（市）也根据市政府文件精神先后出台了政策措施，开始实施城镇规划区范围"区片综合价"。

（二）建立征地农转非人员基本生活保障制度

在市区，2003 年 6 月，市政府制定出台了《关于市区征用土地农转非人员就业和社会保障的若干意见》（杭政［2003］7 号），把失地农民的就业和保障纳入了城镇居民就业和保障体系，解决失地农民的就业和社会保障问题。社会保障所需资金按照政府、集体和个人三方合理负担的原则解决。政府承担的费用从土地出让收益中列支，集体承担部分从土地补偿费和村集体经济积累中列支，个人承担部分在安置补助费中抵交。当时市区失地农民的参保标准是：基本养老保险（到达年龄后领取标准不低于 410 元/月·人）、失业

保险（领取失业证后 298 元/月·人，可领取 24 个月），需一次性付出社会保障费用总额为 5.37 万元/人，其中政府财政补贴 30%，约 1.6 万元/人，且双低保险标准与城镇职工保险同步调整。同时，将失地农民纳入城镇基本医疗参保范围。农转非人员家庭人均收入低于城镇居民最低生活保障标准的，可申请享受城镇最低生活保障待遇。加强对被征地农民的就业指导和技能培训，各地通过培训班、电化授课等方式培训被征地农民上万人。全市各相关县（市）、区也根据本地实际建立并经实施了征地农转非人员社保制度。

（三）留地发展

在市区，对撤村建居试点村按照其农用地（不含林地）的 10% 核定留用地指标；对基础设施项目征地经市政府批准采取开发性安置的，按照征用农用地（不含林地）的 10% 核定开发性安置用地指标，用于发展三产，壮大集体经济，保障失地农民的就业和生活。对使用开发性安置用地指标的项目（包括撤村建居留用地指标），按协议出让方式供地，出让金绝大部分返还村集体经济组织，此政策深受被征地村欢迎。全市各相关区、县（市）也根据本地实际建立并实施了建设留用地制度。如临安市、建德市按照征用农用地（不含林地）的 10% 核定开发性安置用地指标，萧山区按照各村常住人口数量，分大、中、小分别给予 25 亩、20 亩、15 亩的留用地用于发展三产。

（四）建设农民多层住宅

推行农村多层公寓建设，走集约用地、综合开发的路子，给农民以实惠。一是统一规划、统一管理。多层公寓按照"个人出资、政府组织、市场运作"的原则，由区政府出面建设，统一规划和招标建设，力求上规模，实行小区物业管理。二是优化供地方式，降低供地成本。对照经济适用房政策，对多层农居用地采取征用国有并划拨供地方式。三是落实优惠政策，鼓励公寓建设。市里将负担多层公寓外部市政配套建设，允许 30% 建筑面积的部分公寓纳入经济适用房公开销售体系，产生的利润用于多层公寓内部配套建设，通过财政返还有关区范围内当年土地出让金净收益的 10%，以补贴区政府在城市建设和多层公寓内部配套上的投入。四是维护农民利益，给予更多实惠。

对于入住多层公寓的农民,政府通过贴补资金的方式,使其可以按照建安价(670元/平方米)购买人均40平方米建筑面积的公寓,还允许按成本价(1300元左右/平方米)购买不超过人均10平方米建筑面积的公寓。所购房屋可以比照经济适用房上市交易,也可以通过出租等方式作为其相对稳定、长期的生活来源。

三、杭州市拱墅区征地费使用方式与农村社会养老保险的影响

(一) 拱墅区概况

拱墅区位于杭州西湖的北面,土地总面积87.73平方公里,常住人口26.1万人。全区辖上塘、康桥、半山、祥符4镇和湖墅、米市、大关、小河、和睦、拱宸桥6个街道,共40个行政村,145个居民区(见图4-1)。拱墅区南部与杭州市城市中心(下城区和上城区)相连,北部与2001年行政区划调整后新划入城区的余杭区接壤,具有城乡结合部的许多特点,也是杭州市进行征地非常普遍的辖区。

自1978年改革开放以来,尤其是1992年以后,杭州市拱墅区经济快速发展、城市化迅速推进,产生了大量的建设用地需求。如1998年,全区建设用地面积达到100公顷。而在经济高速发展、城市规模不断扩大的同时,拱墅区也产生了大量的失地农民。如1999年,东新、李家桥等10个村的农地全部被国家征用,村民失去了耕种的土地并全部转为居民。然而要由农村意识转化为城市意识,由农民的生活、生产方式和行为转化为市民的生活、生产方式和行为,需要一个较长的磨合期和适应期(陈德伟、金岳芳,2002)。在这一期间,失地农民由于对城市生活的不适应,大都会表现出对生活前景的彷徨、焦虑,甚至失去信心。同时,由于农民失去了土地这一生产资料,解决今后的生存、发展问题将成为矛盾的焦点,其结果必然会影响到全区乃至全市的社会安定和经济持续发展。

第四章 浙江省各地征地管制政策变迁的探索与实践 ·83·

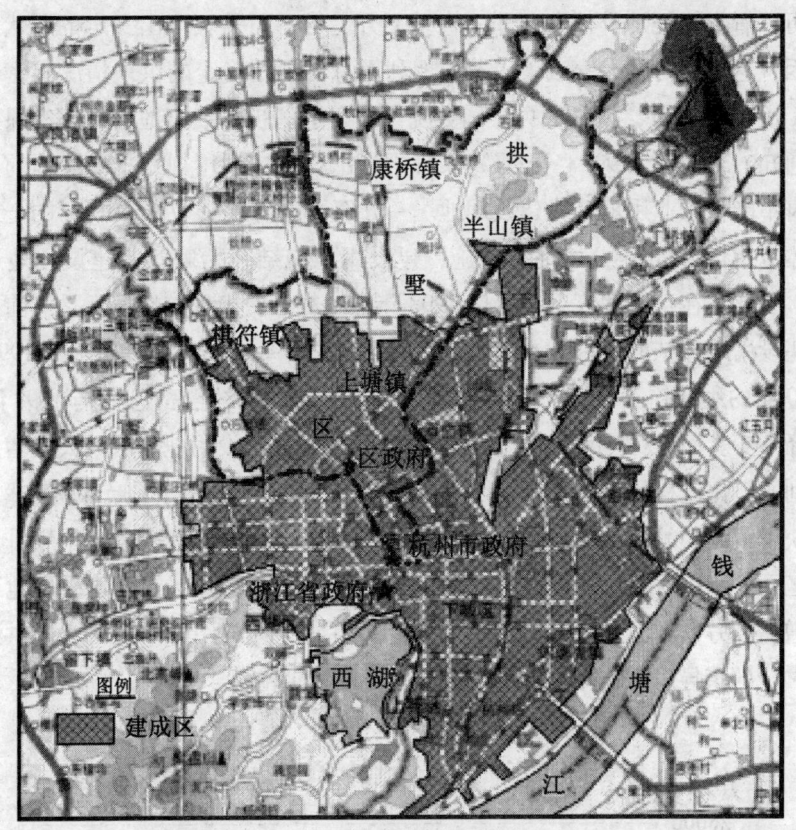

图4-1 杭州市拱墅区示意图

(二)征地费收入和使用情况调查与分析

为了掌握杭州市拱墅区征地费有关情况的第一手资料,课题组对拱墅区征地费收入和使用进行了详细的调查。本次调查采用点面结合的方式进行,开展问卷调查和专题访谈,受访对象覆盖全区各村党支部书记、村委会主任、村经济合作社负责人、村委会会计以及当地农民,具有较好的代表性。通过本次调查,我们发现征地费的使用方式对农村社会养老保险有着较大的影响,农民对征地费的标准和使用方式有着强烈的反映。

1997~2001年5年间拱墅区各村因国家建设征用土地共获得征地补偿费总金额为50065万元,每年获得征地补偿费的情况如图4-2所示。从图4-2

上可以看出，征地补偿费并非一直呈上升趋势，而是表现出一定的起伏。究其原因，这与当时的国家政策以及土地利用总体规划确定的供地情况有密切的联系。1997年4月，中共中央、国务院《关于进一步加强土地管理切实保护耕地的通知》（中发［1997］11号）文件中指出在土地利用规划批准实施前，各地政府不能将农业用地转为建设用地。一方面，杭州市1997～2010年的土地利用总体规划自1998年开始批准实施，建设用地冻结开始解禁，建设用地迅速增加。因此，在很大程度上拱墅区1998年征地补偿费出现的峰值，是对前一段时期建设用地冻结的一种"补偿效应"。经历了1998年的用地高峰后，1999年和2000年的用地趋于平缓，因此这两年拱墅区的征地补偿费总额与1998年相比下降不少。而2001年，由于启动了城市化战略，建设用地需求又大大增加。考虑到城市化进程的需要，浙江省各地对土地利用规划进行了局部调整①，合法地获得了额外的建设用地指标。因此拱墅区当年征地费总额也开始攀升，接近两亿元。所以，在总体上，随着城市化进程的推进，近期新增建设用地还会不断增加。另一方面，这也说明了1997～2010年土地利用总体规划"以供给引导需求"的指导思想与城市化发展趋势是不相协调的。

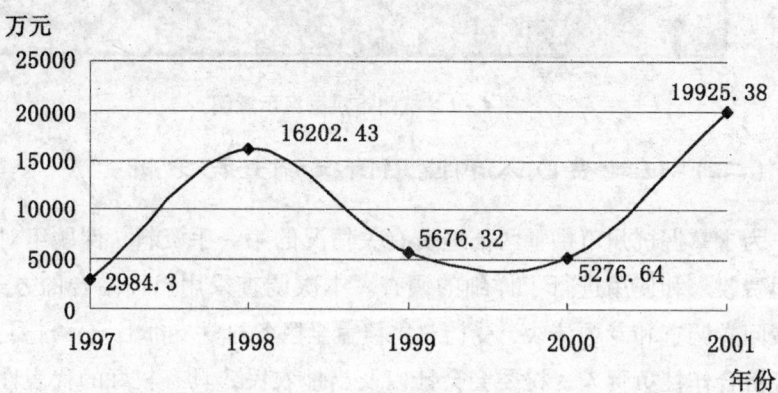

图4-2 拱墅区1997～2001年历年征地费收入情况

---

① 浙江省出台基本农田划区定界调整、基本农田异地有偿代保、优质园地划为基本农田、土地置换、土地整理增加耕地可异地折抵建设用地指标等政策对土地利用规划进行了调整。

在全区 5 年征地补偿费总金额的 50065 万元中,上塘镇占 31408 万元、祥符镇占 13452 万元、康桥镇占 3060 万元和半山镇占 2145 万元,分别占全区征地补偿费总金额的 62.74%、26.87%、6.11% 和 4.28%（见表 4-1）。换言之,拱墅区 90% 的征地补偿费发生在上塘镇和祥符镇。其实由图 4-1 可知,上塘、祥符两镇与建成区紧密相连,是典型的城乡结合部,随着城市化的推进,必然需要大量征用土地,而康桥和半山与目前的建成区并不相连,所以征用土地相对较少。

表 4-1 拱墅区 1997~2001 年征地费收入情况

行政区	征地费收入（万元）	比例（%）
上塘镇	31408	62.74
祥符镇	13452	26.87
康桥镇	3060	6.11
半山镇	2145	4.28
合 计	50065	100

在征地补偿费总额中,全区由村、组集体使用的有 42351 万元,其中上塘镇 27740 万元、祥符镇 10801 万元、康桥镇 2282 万元和半山镇 1527.99 万元；征地补偿费由个人分配（包括土地补偿费的个人分配、劳力安置费的个人分配、青苗补偿费的个人所得以及地上物补偿费的个人所得等）的全区共 7253 万元,其中上塘镇 3380 万元、祥符镇 2478 万元、康桥镇 778 万元和半山镇 617 万元；征地补偿费为个人办理保险的全区共 461 万元,参保人数达 300 多人,其中上塘镇 288 万元和祥符镇 173 万元,康桥镇和半山镇没有为个人办理养老保险。具体见表 4-2 和表 4-3。

由表 4-3 可见,拱墅区的征地费的使用绝大部分是由集体支配,占到 84.59%,尤其是产生征地最多的上塘镇,集体使用的征地费占到了 88.32%；其余的由个人支配和用于养老保险,全区个人分配占 14.49%,而半山和康桥占到 25% 以上,而养老保险尚处于起步阶段,仅占总量的 0.92%。同时结合表 4-2 和表 4-3,通过相关分析,我们发现如下规律:

征地费总额与集体使用的比例成正比关系,而征地费总额与个人分配的比例成反比关系。也就是说,征地费总额越高的地区,其集体使用的比例也越高,而个人支配的比例就越低。同时,征地费总额越低的地区,其个人支配的比例就越高,而集体使用的比例就越低(见图 4-3)。

表 4-2　拱墅区 1997~2001 年征地费使用情况(1)

使用情况 行政区	集体使用 (万元)	个人分配 (万元)	养老保险 (万元)	合　计 (万元)
上塘镇	27740	3380	288	31408
祥符镇	10801	2478	173	13452
康桥镇	2282	778	0	3060
半山镇	1528	617	0	2145
合　计	42351	7253	461	50065

表 4-3　拱墅区 1997~2001 年征地费使用情况(2)

使用情况 行政区	集体使用 (%)	个人分配 (%)	养老保险 (%)	合　计 (%)
上塘镇	88.32	10.76	0.92	100
祥符镇	80.29	18.42	1.29	100
康桥镇	74.57	25.43	0.00	100
半山镇	71.24	28.76	0.00	100
合　计	84.59	14.49	0.92	100

通过调查和分析,可以得出:随着城市化的推进,接近城市中心的区域(上塘镇、祥符镇)会发生大量的征地现象。这些区域由于受城市中心的辐射,一般集体经济较为发达,农民年终分红较多。因此,接近城市中心的区域在征地费的使用上以集体投资为主,农民年终按股分红。从调查掌握的情况来看,这种模式在一定程度上保障了失地农民有一定数额的长期收入。但也有些集体由于发生投资失误、征地费监管失控等现象导致了失地农民的利益无保障。离城市中心较远的区域(康桥镇、半山镇)征地相对较少。这些

区域由于受城市中心的辐射有限,一般集体经济相对欠发达。因此,这些区域在征地费的使用上分配给个人的相对较多。从调查掌握的情况来看,经常发生征地的区域,对于征地费使用方式的有关制度建设方面比较完善。

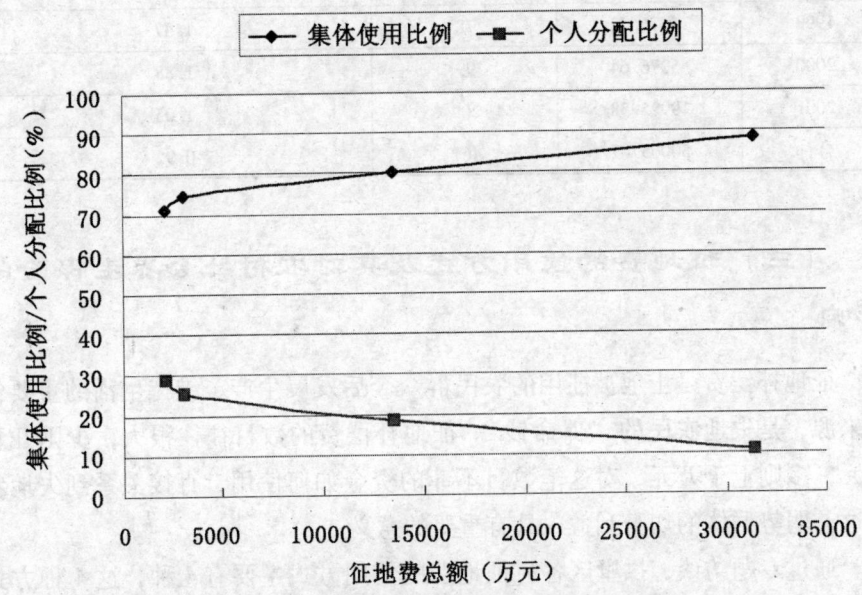

图 4-3 征地费总额与使用方式的相关分析

征地费用于养老保险是一种对农民利益长期保护的有力措施。目前拱墅区开展征地费用于养老保险的也是经常发生征地的上塘、祥符两镇。从表 4-4 中看出,自 1998 年拱墅区开展征地费用于养老保险以来,每年用于养老保险的额度在不断增加,但是所占征地费总额的比重还很低,比重最高的 2000 年也不足 2%。由此可见,拱墅区开展征地费用于养老保险的制度还处于起步阶段。但是,拱墅区毕竟对此进行了非常有益的实践探索。在城市化迅速推进的时期,拱墅区开展征地费用于养老保险的探索对我国其他地区有一定的借鉴作用。

表4-4 拱墅区1997~2001年征地费用于养老保险情况

年份	征地费总额（万元）	养老保险（万元）	养老保险占征地费总额比重（%）
1997	2984.3	0	0.00
1998	16202.43	75	0.46
1999	5676.32	78	1.37
2000	5276.64	99	1.88
2001	19925.38	209	1.05
合计	50065.07	461	0.92

（三）征地费的使用方式及其对农村社会养老保险的影响

征地补偿费是土地被征用的农民群众今后发展生产、维持生活的重要经济来源，是失地农民的"保命钱"。征地补偿费的数目往往很大，少则几百万元，多则上千万元，对这笔数目不菲的资金如何使用，直接关系到失地农民这一弱势群体的切身利益，具有重要的意义。

通过专题访谈，拱墅区各村征地费的使用方式主要有4种，这4种方式对农村社会养老保险有着不同的影响。

1. 组有组管，按股分配到户

这种使用方式的特点是：土地属于村民小组集体所有，征地补偿费由村民小组集体所有；组集体根据本组具体情况，将征地补偿费按股份分配给全组农民，并对承包土地在组内进行调整。

组有组管，按股分配到户的使用方式将大部分的征地补偿费按股分配给组内农民，没有考虑农民的养老保险问题。尽管征地后，组内对承包土地进行调整，农民还享有一定的土地保障效能，但是随着城市化的推进，这些地处城郊结合部的农村必将失去全部土地，农民也不再享有土地的保障效能。因此，一旦失地农民将所得征地费花光，他们尤其是老年人将面临巨大的生活风险。

> **案例 4-1　半山镇石塘村征地费使用方式**
>
> 　　半山镇石塘村共有 9 个村民小组，土地属于组集体所有。1999 年，杭州市建设绕城公路征用该村 190 余亩土地，共得 1655 万元征地补偿费，其中土地补偿费 632 万元，劳动力安置费 717.8 万元，青苗补偿费 58.2 万元，地上物补偿费 247 万元。除了青苗补偿费 58.2 万元外，其余补偿费全部归组集体所有。组集体提留 2 万元/亩的土地补偿费后，其余全部按股量化逐年分配给组民，并对组内土地进行了一次调整。

2. 组有村管，集体经营，按股分红

　　这种使用方式的特点是：土地属于组集体所有，征地补偿费属于组集体所有，但由村集体经营和管理；村集体根据具体情况投资再生产，按股逐年分红。

　　组有村管，集体经营，按股分红的使用方式除了将青苗补偿费分配给农民外，其余补偿费全部用于村集体投资进行再生产。村民可以逐年从集体经营所得利润中获得股息。这种方式，村民每年可以得到一定数量的股息，在一定程度上解决了村民的养老问题。但是，它也存在着一定的问题：如果集体经营得当，村民每年能得到一笔股息；如果经营不当甚至亏本，村民也面临养老等生活风险。

> **案例 4-2　上塘镇东新村征地费使用方式**
>
> 　　上塘镇东新村于 1999 年撤村建居，村民已全部转为居民户口。撤村建居所得征地费属于村、组集体两级所有，但由村集体经营和管理。目前，该村拥有海外海集团、杭州汽车城等，集体资产逐年增值，村民可以逐年从集体经营所得利润中获得股息每年约为 8000 元。

3. 组有村管，按股分配到户

这种使用方式的特点是：土地属于组集体所有，征地补偿费由组集体所有，但由村集体管理和分配；村集体根据具体情况，将征地补偿费按股份分配给所涉及组的农民。

组有村管，按股分配到户的使用方式将大部分的征地补偿费按股分配给组内农民，没有考虑农民的养老保险问题。因此，一旦失地农民将所得征地费花光，他们尤其是老年人将面临巨大的生活风险。

案例4-3　祥符镇阮家桥村征地费使用方式

1998年，国家建设用地征用阮家桥村3个村民小组的土地。征地费为12.98万元/亩，村集体与组集体签订协议，将6.52万元/亩的征地费转入组集体账户，其中3万元是劳力安置费，1万元为青苗补偿费，6000元为地上物补偿费，1万元为土地补偿费，9200元为其他费用补偿。除了1万元土地补偿费外，其余5.52万元全部分给被征地农民，同时被征地农民转为居民，村集体不再承担任何义务。剩余6.46万元/亩的征地补偿费属于村集体所有，用于投资等。本村农民享有股息分红。

---

4. 组有村管，集体经营，按股分红，为个人办理养老保险

这种使用方式的特点是：土地属于组集体所有，征地补偿费属于组集体所有，但由村集体经营和管理。村集体根据具体情况将征地补偿费用于投资再生产和为个人办理养老保险，村民按股逐年分红。

组有村管，集体经营，按股分红，为个人办理养老保险的使用方式除了将青苗补偿费分配给农民外，其余补偿费全部用于村集体投资进行再生产和办理养老保险。这种方式，村民既可以逐年从集体经营所得利润中获得股息，又可以在年迈后领到一笔养老金。

> **案例 4-4　上塘镇蔡马村征地费使用方式**
>
> 　　上塘镇蔡马村除了将青苗补偿费分配给个人外，其余征地补偿费全部由村集体经营和管理，主要用于投资和为村民办理保险，但也有一部分村民（约30人）由于个人、所在单位已买了养老保险等原因而领取劳力安置费的。2000年，该村已为年满35周岁的村民办理了社会养老保险。

　　以上探讨了全区各村征地费的4种使用方式对农村社会养老保险的影响。我们认为在这4种方式中，第4种方式即组有村管，集体经营，按股分红，为个人办理养老保险较为理想。这种方式，村民既可以逐年从集体经营所得利润中获得股息，又可以在年迈后领到一笔养老金。老年生活是每一个人都会经历的，除了子女赡养外，老年人应当有一笔几乎没有风险的养老金收入，这才是老年人过上幸福生活的经济基础。

　　组有组管，按股分配到户的使用方式和组有村管，按股分配到户的使用方式将大部分的征地补偿费按股分配给组内农民，没有考虑农民的养老保险问题，存在着很大的隐患。一旦失地农民将所得征地费花光，他们尤其是老年人将面临巨大的生活风险，并会影响社会稳定。实际上，目前已经出现了这一严重问题。在专题访谈中，我们发现各村基本都有1997年以前因征地招工安置而于近年下岗、失业的人员。这部分人员由于已经在当年转为居民，无法享受到村经济合作社的分红以及合作医疗保险，他们只能靠领取最低生活保障金而艰难地生活。

　　组有村管，集体经营，按股分红的使用方式，村民可以逐年从集体经营所得利润中获得股息，在一定程度上解决了村民的养老问题，但是，如果集体经营不当甚至亏本，村民将面临养老等生活风险。

　　2003年5月，在浙江省政府的大力支持下，浙江省劳动和社会保障厅、国土资源厅、财政厅、民政厅及农业厅联合在全国率先颁发了《关于建立被征地农民基本生活保障制度的指导意见》，并规定了三方出资的比例及资金

来源：政府出资部分不低于保障资金总额的30%，从土地出让金中列支；集体承担部分不低于保障资金总额的40%，从土地补偿费中列支；个人承担部分从征地安置补助费中抵缴。其后，上述4种土地补偿费的使用和管理模式都按照要求为失地农民办理了基本养老保险。

第二节 丽水市征地补偿区片综合价的探索与实践

一、丽水市概况

丽水市位于浙江省的西南部，地理坐标为东经118°41′37″~120°26′05″，北纬27°25′10″~28°57′15″。北及西北与金华、衢州两市相邻，东南与温州市相接，东北与台州市接壤，西南与福建省宁德地区、南平市毗连。是浙江省西南山地生态区的主要组成部分，是浙江省山地面积最大、海拔最高的一个山区市，素称"九山半水半分田"，辖区土地总面积17298平方公里，占全省土地面积的17%，下辖一个区（莲都）、一个县级市（龙泉）和青田、缙云、遂昌、松阳、云和、庆元、景宁畲族自治县7个县，共62个建制镇，125个乡，116个居委会，3477个行政村。2003年末总人口249.4万人，人口密度144人/平方公里。以山为依托的资源比较优势突出，由于市域人口密度较低，自然资源开发程度较浅，以山水自然风光和人文胜迹为主的旅游资源相当丰富，生态优势也十分突出。该市气候适宜，生态环境优良，植被生态多样，山水风光自然，文化底蕴深厚，人文古迹众多，畲族传统文化和民俗风情多姿多彩。

二、丽水市征地补偿区片综合价的探索与实践

近年来，随着丽水市经济社会的快速发展和城市化的迅速推进，征地规

模急剧扩大。为规范征地补偿标准，保障集体土地所有者、使用者的合法权益，促进丽水市经济社会的持续发展和社会稳定，根据《中华人民共和国土地管理法》、《浙江省实施〈中华人民共和国土地管理法〉办法》及省政府《关于加强和改进土地征用工作的通知》（浙政发［2002］27号）精神，结合丽水实际，于2003年12月30日制定了《丽水市征用土地补偿标准暂行规定》。对丽水城市规划区、莲都区碧湖镇、大港头镇、老竹镇、双溪镇城镇规划区及莲都南山工业园区范围内征用集体土地实行区片综合价，上述区域范围外的实行年产值乘补偿倍数的方法确定征地补偿标准。

丽水市政府根据不同地段、地类、人均耕地和经济发展水平等情况，在充分听取有关方面意见的基础上，划分了4个区片并统一制定了分片的征地综合补偿标准（见图4-4）。

（一）区片综合价范围

丽水城市规划区、莲都区碧湖镇、大港头镇、老竹镇、双溪镇城镇规划区及莲都南山工业园区范围内共分4个区片。

区片Ⅰ：白云、万象、紫金、岩泉街道办事处30个行政村及富岭乡中堂、小木溪行政村在城市中心及近中心区块范围内的集体土地。

区片Ⅱ：白云、万象、紫金、岩泉街道办事处21个行政村在城市规划区范围内除区片Ⅰ以外的集体土地；富岭乡中堂、小木溪行政村部分集体土地；水阁街道办事处、垟店行政村部分集体土地。

区片Ⅲ：富岭乡11个行政村、水阁街道办事处14个行政村在城市规划区范围内除区片Ⅰ、区片Ⅱ以外的集体土地；联城镇城市规划区范围内、碧湖镇城镇规划区范围内、莲都南山工业园区范围内集体土地。市工业区新规划用地纳入该片区。

区片Ⅳ：大港头镇、老竹镇、双溪镇城镇规划区范围内集体土地。

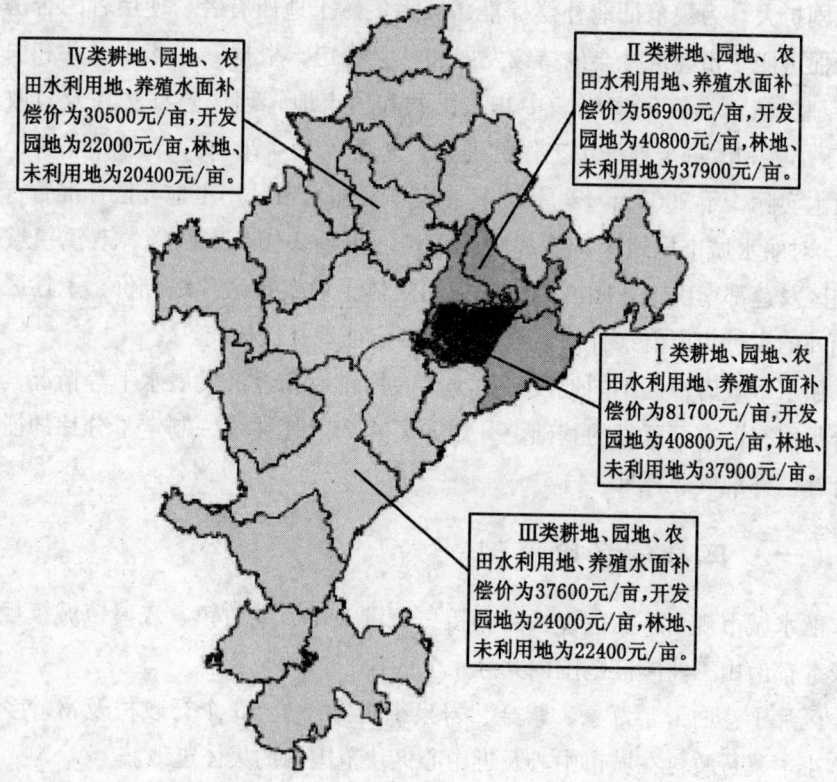

图 4-4 丽水市征地区片价范围与补偿标准

(二) 区片综合价补偿标准（见表4-5）

区片Ⅰ：耕地、园地（原属耕地）、农田水利用地、养殖水面81700元/亩；开发园地40800元/亩；林地及未利用地37900元/亩。

区片Ⅱ：耕地、园地（原属耕地）、农田水利用地、养殖水面56900元/亩；开发园地40800元/亩；林地及未利用地37900元/亩。

区片Ⅲ：耕地、园地（原属耕地）、农田水利用地、养殖水面37600元/亩；开发园地24000元/亩；林地及未利用地22400元/亩。

区片Ⅳ：耕地、园地（原属耕地）、农田水利用地、养殖水面30500元/亩；开发园地22000元/亩；林地及未利用地20400元/亩。

表4-5 区片等级和区片综合补偿标准　　　　　　　　单位：元/亩

地 类	区片等级和区片综合补偿标准				备 注
	I	II	III	IV	
耕地、园地（原属耕地）、农田水利用地、养殖水面	81700	56900	37600	30500	注：建设用地参照耕地标准补偿
开发园地	40800	40800	24000	22000	
林地、未利用地	37900	37900	22400	20400	

（三）区片综合价组成

丽水市区片综合价由土地补偿费、安置补助费、青苗补偿费组成。区片综合价除青苗补偿费以外的部分，主要用于征地剩余人员的统筹安置。区片范围内青苗实行包干补偿。包干补偿含当季作物、多年生经济作物补偿及树木补偿。

第三节　温州乐清市留地补偿的探索与实践

一、乐清市概况

乐清市位于浙江省东南部沿海，东临乐清湾，南临瓯江。全市陆地面积1174平方公里，海域面积270平方公里，辖21个建制镇，10个乡，人口115.3万。这里气候温和，水土肥沃，自然资源丰富，素有"旅游胜地"、"鱼米之乡"之称，在温州、台州、宁波、舟山沿海走廊中，乐清历来是主要的经贸集散地。

乐清全市土地总面积125772.85公顷，其中林业用地面积54157.79公顷，占43.06%；耕地面积30112.60公顷，占23.95%；居民点和工矿用地8791.52公顷，占6.99%，内陆水域9105.95公顷，占7.24%；交通用地

1496.70公顷，占1.19%；园地8074.62公顷，占6.42%；未利用土地14023.67公顷，占11.15%。人均耕地面积仅0.36亩，远低于联合国粮农组织确定的0.8亩警戒线。

二、乐清市留地补偿的探索与实践

2000年10月12日，《乐清市人民政府批转〈市国土局关于村集体计划留用地开发使用实施意见〉的通知》的下发，标志着留地补偿政策在乐清市的开始。该通知规定，留地按照征地总量的10%兑现用地计划，用于解决村集体生产经营、兴办企业等用地。2003年10月1日实施的《乐清市征用农民集体土地管理办法》对留地补偿政策做了进一步的完善，明确了采用留地补偿的范围。

截至2004年，全市留地安置面积达1647.077亩（见表4-6），留地主要集中在城市化快速发展地区，如乐城镇和柳市镇，留地面积分别为1220.004亩和132.6045亩。从留地使用情况看，全市使用面积210.556亩，仅占全部留地的12.78%。

表4-6 乐清市各乡镇留地情况　　　　　　　　单位：亩

项目＼乡镇	乐城镇	虹桥镇	柳市镇	北白象镇	翁口镇	七里港镇	湖雾镇	岭底乡	合计
总面积	1220.004	49.9908	132.6045	80.102	131.67	20.958	10.93	0.8174	1647.0767
已使用面积	203.226	6	0	1.33	0	0	0	0	210.556

这一政策的实施，在一定程度上加快了城市建设过程中的征地工作，同时保障了农民利益，为失地农民安置走出了一条新路。但留地政策也出现了一些问题，如留地缺乏整体规划，难以形成优势互补的资源一体化开发局面；由于难以落实留地指标，可能引发群体性上访事件；留用的土地资产保值增值风险较大等。因此，必须进一步完善留地补偿政策。

第四节 台州温岭市征地社会性管制政策改革的探索与实践

一、温岭市概况

温岭市地处浙江省东南沿海,长三角地区的南翼,北靠宁波,西连温州,三面临海,陆域面积 926 平方公里,海岸线长 317 公里,辖 11 个镇 5 个街道,834 个村 93 个居,人口 116 万,其中农村人口占 83.7%,外来人口 40 多万,是全国人口密度最高的县市之一。

温岭市是全国第一家股份合作制企业的诞生地,具有"中国泵业名城"、"小型空压机之都"、"中国果蔬之乡"、"中国大棚西瓜之乡"等称号,并形成了摩托及汽配、水泵及电机、鞋帽皮塑、家用炊具及金属制品、中小船舶修造、建筑建材 6 大主要产业群,钱江摩托、吉利汽车、爱仕达炊具等都享誉国内。温岭兼得山海之利,是浙江省粮、鱼、盐的重点产地之一,并形成了西瓜、果蔗、草鸡、大棚葡萄、高橙、现代渔业 6 大优势农业产业带。2007 年,农民人均纯收入达 9367 元,城镇居民人均可支配收入达 23163 元,全市人民的生活水平不断提高,温岭的社会经济持续、快速、健康发展,并形成了机制灵活、市场活跃、民资丰厚等鲜明的区域经济发展特色。

同时,随着温岭市社会经济的发展及城市化水平的提高,特别是 6 大规模产业群的形成,温岭市的土地非农化进程一直处于上升趋势,大量土地被征收转用。

二、温岭市征地社会性管制政策

根据温岭市统计局社调队 2007 年相关调查数据显示,温岭市农民的收入来源已经发生根本性变化,工资性收入和家庭经营收入成为农民增收最主要的来源。从事二、三产业的农村劳动力已经占到了总数的74.5%。虽然农民的生活水平已经有了很大的提高，但在我国政府对城市和农村实行的典型的二元管制下，农民在教育、医疗、养老等方面的社会保障水平与城市居民存在巨大的差异。随着土地非农化过程中土地的征收转用，被征地农民同时也失去了土地所带来的社会保障功能。近几年，温岭市人民政府对失地农民的安置形式主要是以货币补偿为主，并根据该市的社会经济水平实行了分级征地补偿标准，一般市区土地为10万元/亩，城郊结合部为5万~8万元/亩，乡镇土地则2万~3万元/亩。但这种单一的安置方式不可能维系失地农民的长远生计，更无法保障失地农民的根本权益，特别是随着温岭市农民收入和生活水平的提高，他们更关注自身的发展和今后的社会保障。

因此，温岭市人民政府在土地非农化过程中，也越来越注重其社会性管制的开展，主要表现在以下几个方面。

（一）温岭市失地农民的基本养老保险政策

温岭市人民政府根据浙江省人民政府《关于加快建立被征地农民生活保障制度的通知》和浙江省劳动和社会保障厅等《关于建立被征地农民基本生活保障制度的指导意见》等文件的指导精神，于2004年6月15日颁布了《温岭市被征地人员基本养老保障暂行办法》，以解决被征地人员的养老保障问题。

1. 实施范围和对象

参保人员为温岭市范围内土地被征收的行政村中年满16周岁、持有第二轮土地承包权证家庭中的在册农业人员。但男满70周岁、女满65周岁的村民可以自愿参保；已享受城镇职工基本养老保险待遇的被征地人员，不纳入该办法的实施对象当中。

2. 参保办法

温岭市国土资源局根据征收土地情况来核定被征地村应参保人数。村民委员会按照"人地对应、整户参保"的原则落实，提出参保方案确定缴费标准及档次，最终核定参保户。

3. 缴费办法

缴纳的养老保障费由村集体、个人缴费和政府补贴3部分构成，被征地人员部分实行一次性趸缴。

4. 养老保障的缴费及享受标准

养老保障的缴费及享受标准见表4-7。

表4-7 基本养老保障一次性趸缴养老保障费及享受待遇标准　　单位：元

年龄 （周岁）	趸缴 档别	村、个人 缴费额	政府 贴补额	政府贴补额中 记入个人专户	个人专户 储存总额	养老待遇 月标准
男 16~60 女 16~55	A 档	29460	7000	3000	32460	408
	B 档	19640	6000	2000	21640	295
	C 档	11000	5000	1000	12000	186

除以上几项具体的实施规定外，该办法对被征地农民养老保障基金的统筹和管理方法，以及与其他社会保险之间的关系都做了详细说明和规定。

（二）温岭市失地农民最低生活保障

温岭市人民政府根据《浙江省最低生活保障办法》，综合考虑了：①保障对象基本生活实际需要；②本市基本生活必需品的价格水平；③经济发展状况和财政承受能力；④社会整体生活水平4个因素，规定了农村居民最低生活保障标准为180元。

考虑到通货膨胀及物价水平的上涨，2008年春节期间，温岭市结合了基本生活消费品价格的上涨幅度，对城乡最低生活保障对象实行了年终一次性物价补贴，农村低保每人180元，并规定不能以冬令救济、元旦春节慰问代替本次补贴。

（三）温岭市新型农村合作医疗

目前，失地农民已成了农村医疗保障新的弱势群体。因此，在建立健全农村医疗保障体系的同时应更加关注失地农民在这方面的权益保障。为鼓励农民特别是被征地农民参加新型农村合作医疗保险，温岭市政府于2007年9月颁布了《温岭市新型农村合作医疗制度实施办法》。

根据政府统筹、征管分离、定额补偿、自愿参加的原则,采用"政府出一点、集体补一点、个人缴一点"的办法,确定了每人每年 110 元的标准,而农民只需交纳 40 元/人,其余 70 元则由镇(街道)和市财政按照 1:2.5 的比例进行补贴;对于城乡最低生活保障对象,其合作医疗基金全部由市、镇(街道)承担。这样既解决了被征地农民的医疗保障问题,又健全了整个农村社会保障体系。截至 2007 年末,温岭市参加农村养老保险的有 41.54 万人,参加被征地养老保障的达 2.11 万人,新型农村合作医疗保障的参保率达到 82% 以上。至今,被征地农民养老、医疗保障的覆盖率已大大提高,筹资能力和补偿水平不断提高,失地农民社会保障体系进一步得到完善,有效地维护了被征地农民的合法权益和社会稳定。

此外,温岭市政府在被征地人员的就业和农村劳动力素质培训方面也出台了相应的政策,积极鼓励农民参保参训,鼓励失地农民多渠道参加就业。这一系列政策和管制措施,有效地解决了土地非农化过程中产生的问题,维护了失地农民的合法权益并促进了被征地农民社会保障制度的建立和完善。

第五节 金华市征地管制政策改革的探索与实践

一、金华市概况

金华市位于浙江省中部,为省辖地级市,以境内金华山得名。处于北纬 28°32′~29°41′,东经 119°14′~120°47′之间。东邻台州,南毗丽水,西连衢州,北接绍兴、杭州。市域东西直线距离 151 公里,南北直线距离 129 公里,面积 10918 平方公里。

2004 年全市土地面积 109.21 万公顷,人均土地 0.24 公顷。2004 年全市耕地面积 16.63 万公顷,其中水田 14.43 万公顷,旱地 2.20 万公顷。人均耕地为 0.045 公顷,每个乡村劳动力平均负担耕地 0.074 公顷。全市园地面积 6.01 万公顷,其中桑园 4629 公顷,茶园 1.56 万公顷,果园 3.32 万公顷。全市林业用地 69.4 万公顷，其中有林地 61.04 万公顷，灌木林地 5.69 万公顷，疏林地 3300 公顷，未成林地 3900 公顷，苗圃地 551 公顷，无林地 2.48 万公顷。全市森林覆盖率为 61.3%。水域面积 5.23 万公顷，水库 1.13 万公顷，山塘 1.31 万公顷。全市未利用土地面积有 7.62 万公顷，其中宜农荒地 3.92 万公顷。

二、金华市征地管制政策改革的探索与实践

金华市原是浙江省中西部的次发达地区，但 2002 年以后出现了赶超全省平均发展水平的良好态势。与此同时，全市建设用地需求激增，地供需矛盾加剧，"征地难"迅速上升为社会经济发展的突出问题。就是在这样的背景下，金华市征地制度改革在市委市政府及有关部门的重视下开始启动了。

（一）建立区片综合补偿标准，确保被征地农民基本权益

根据现行《土地管理法》和浙江省政府的规定，征地补偿标准不能超过当地平均年产值的 30 倍。据此确定各地征地补偿标准存在以下几个问题：

（1）年产值受区域范围内经济发展水平和种养殖水平的影响，差异较大，影响补偿标准的合理性。

（2）不能按土地等级区分征地补偿标准的差异，特别容易引发城中村、镇中村、城乡结合部、城郊征地农民的不满情绪，造成征地难问题。

（3）征地补偿标准受人为的影响因素较大，往往不能客观真实地反映被征土地及其附着物的价值。

金华市从 2003 年开始，在调查了解全市各乡镇（街道）的前 3 年平均年产值、耕地面积、农业人口、农业结构、区位状况的基础上，经反复征询各乡镇（街道）、村和有关部门意见后，结合原征地补偿价格和农民接受程度，研究制定了征地区片综合补偿标准。在金华市区城市规划用地范围内，划分 6 个区片确定综合补偿标准。位于市区中心的一类区片综合价：农地类每亩 6 万元，林地和未利用地每亩 4.2 万元；位于市区远郊的 6 类区片综合价：农

地类每亩 2.35 万元，林地和未利用地每亩 1.65 万元。2003 年金华市区按照区片综合价进行征地补偿，平均比 2002 年补偿标准提高了 11.8%。

（二）建立农村基本生活保障制度，确保被征地农民生活水平不下降

由于征地补偿是一次性的，尽管金华市在 2002 年就提高了征地补偿标准，但仍无法保障被征地农民长远的生活质量。为此，金华市从 2003 年开始，市、县（市、区）二级相继建立了被征地农民基本生活保障制度，完善了政府补贴筹集机制，确保被征地农民基本生活不下降。

（1）对劳动年龄段以上的农民，按年龄大小直接参加养老保险。为方便今后并轨管理，征地社保与城镇基本生活保障制度之间设计了对接的口子。当地政府或开发主体给予每位参保对象，不低于参保资金 30% 的补贴，其享受的养老保障待遇与个人参保的缴费水平挂钩，并与当地经济发展和承受能力相适应，一般参照当地城市居民最低生活保障水平和当地失业人员失业保险金发放标准确定。金华市区由政府买单，为每个符合条件的被征地农民补贴 1.8 万元养老保障金。不参加保险的被征地农民，每月至少可以领取 50 元生活费；参加保险的被征地农民，每月至少可以领到 105~220 元。而且无论个人缴费多少，在最近 5 年内每年每月增加 10 元。

（2）对劳动年龄段内的农民促其就业。就业前，由政府买单一次，免费进行职业技术培训指导，并发给一定的阶段性生活补助费；就业后，按规定参加职工基本养老保险；就业困难并符合城市居民最低生活保障条件的，纳入城市低保；就业后失业的，将其纳入失业保险渠道。

（3）对劳动年龄段以下的农民按征地补偿规定，一次性发给征地安置补助费。当他们到达就业年龄或学习毕业后，即作为城镇新生劳动力，参加相关的社会保障。

(三) 推行农民公寓制度，不断改善被征地农民安居条件

随着工业化、城市化的发展，相当一批农房将被拆迁改造。实行新农村住宅统一建设制度、农民公寓制度，有利于统一规划，改善农民居住条件；有利于提高土地利用效率，节约土地和集约用地；有利于开展农村污染源治理，促进农村环境保护。金华市为了领导广大农民共同致富奔小康，而不至于因农房征地拆迁降低被征地农民的生活水平，从2003年开始推行统一规划农民新村、统一建立农民公寓等制度。

(1) 按照一户一宅、定额控制的原则，允许农民住宅在统一规划前提下，由三层扩建到四层，多余的住房鼓励出租，增加家庭收入。

(2) 引导被征地农民迁入农民公寓居住，允许通过产权置换、货币安置、宅基地置换等办法，购买多套公寓，多余的住房鼓励出租。

第六节 衢州市征地管制政策改革的探索与实践

一、衢州市概况

(一) 历史沿革与区位

衢州始建于唐高祖武德4年（公元621年），为衢州建州之始。此后，衢州一直是历代州、郡、路、府等行政机构所在地，建城已有1000多年历史。1949年解放后，建立衢州专员公署，1955年公署撤销，1985年建地级市。衢州是国家级历史文化名城，境内的南宗孔氏家庙为全国仅有的两座孔氏家庙之一，烂柯山是中国围棋文化的重要发祥地。

衢州市位于浙江省西部，钱塘江上游。南接福建南平，西邻江西上饶、

景德镇，北连安徽黄山，素有"四省通衢、五路总头"之称，自古为兵家必争之地。省内与杭州、金华、丽水三市相衔接（见图4-5），是浙西的交通枢纽和政治、经济、文化中心。由于区位较好，交通便利，历史上即为浙闽赣皖四省边际的贸易中心和交通枢纽，现陆、水、空交通便利，浙赣铁路、杭衢高速和两条国道横贯东西，民航已开通到北京、深圳、广州航线。到上海、宁波约3小时车程，到杭州两小时车程，市区到各县（市、区）半小时交通圈基本形成。

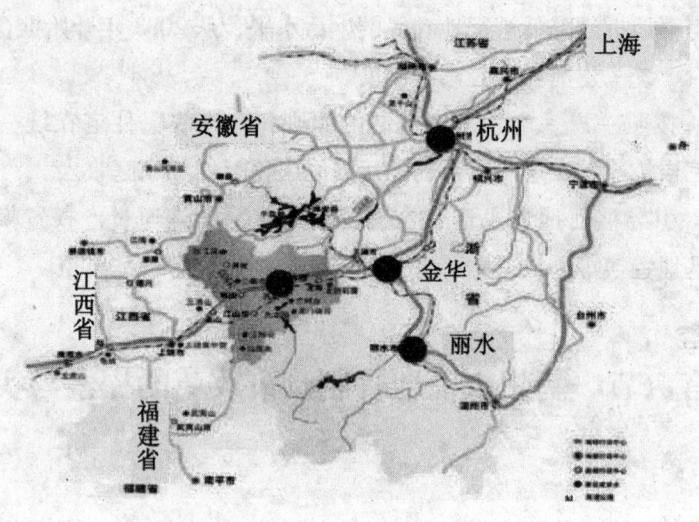

图4-5 衢州市区位

（二）衢州社会经济发展状况

衢州市是浙西的交通枢纽和政治、经济、文化中心，目前辖柯城区、衢江区、江山市、龙游县、常山县和开化县。全市2006年底有13个街道办事处、47个镇、46个乡、62个城市社区、2597个行政村，总人口246.68万人，土地总面积为8841.12平方公里。

衢州市改革开放和社会主义现代化建设事业不断取得新成绩。"十五"期间，经济社会持续快速发展，生产总值年均增长率为13.5%，首次出现五年平均增长速度高于全省平均水平，主要发展目标提前实现。2005年全年实现生产总值325.54亿元，按可比价格计算，比上年增长13.6%。其中，第一产业增加值48.00亿元，增长4.0%；第二产业增加值149.43亿元，增长17.2%；第三产业增加值128.11亿元，增长13.2%。

另外，与浙江省经济强市相比，衢州市经济总量仍然偏小，结构优化有待加快，企业创新能力不强，经济外向度偏低；加快发展的要素、环境特别是人才、科技支撑能力较弱；城市化水平偏低，农村规划和建设滞后；社会事业发展还不平衡，部分群众生活仍较困难，保持社会和谐稳定和发展的任务还很艰巨。

（三）土地利用状况

根据2006年土地利用变更调查，衢州市土地总面积有884111.78公顷。全市中部为浙江省最大的盆地——金衢盆地的西半部，自西向东逐渐展宽，形成东北—西南走向的中部平原地区，向西北、东南逐渐延伸为丘陵、山地。境内丘陵和山地占土地总面积的85.0%，高于浙江省的70.4%，平原比重相应较小。平原分布狭窄、面积较小决定了平原地区土地利用较集约，既是耕地、园地等主要农业用地的集中分布区，又是以"衢州城区—龙游镇—湖镇"、"衢州城区—贺村镇"、"衢州城区—航埠镇—天马镇"三位一体发展轴线的城镇用地、交通用地、水利设施用地等建设用地的集中分布区。平原地区农用地与建设用地需求矛盾较大。

1996~2006年间，衢州市土地利用结构总的变化趋势是农用地、未利用地减少，建设用地增加。其中农用地减少10808.49公顷，未利用地减少1649.01公顷，在土地总面积中所占比重分别下降0.69%、0.28%；而建设用地总量增加12457.510公顷，在土地总面积中所占比重上升0.97%（见表4-8）。

将衢州市1997~2004年的地区生产总值、第二和第三产业增加值、固定资产投资额与建设用地总量增加的情况进行对比，如图4-6所示。衢州市1996年以来的经济发展速度要远高于建设用地总量的增加速度，从土地经济效益角度上看，在全市社会经济发展背景下的建设用地扩张是相对合理的。

表4-8　1996~2006年衢州市土地利用面积变化比较表　　　单位：公顷

地类			1996年	2006年	1996~2006年增减
土地总面积			884111.78	884111.78	/
农用地	耕地		142138.53	132368.65	-9769.88
	园地		73794.83	90426.89	16632.06
	林地		542132.23	527779.43	-14352.80
	其他农用地		33349.47	30031.59	-3317.88
	合计		791415.06	780606.57	-10808.49
建设用地	居民点及工矿用地	小计	33462.37	43157.59	9695.22
		城镇	2873.61	6377.99	3504.38
		农村居民点	24406.61	25807.81	1401.20
		独立工矿	4617.87	9549.97	4932.10
		特殊用地	1564.28	1421.82	-142.46
	交通用地		2441.56	4691.07	2249.51
	水利设施用地		8770.07	9282.85	512.78
	合计		44674.00	57131.51	12457.51
未利用地	未利用土地		31925.17	29465.47	-2459.70
	其他土地		16097.55	16908.24	810.69
	合计		48022.72	46373.71	-1649.01

数据来源：衢州市1996~2006年土地利用变更调查数据。

（四）城市化进程

1985年，衢州建市以来，城市建设围绕将衢州建设成"四省边际中心城市"的总目标，按照"扩规模、强功能、造环境、创特色"的思路，城市发展的速度加快，城市面貌日新月异。

进入21世纪后，衢州不断加快基础设施建设，大力推进中心城市建设，推进城乡一体化步伐，城市化进程明显加快。从2001年开始市区实施了大规模旧城改造，目前已基本完成，结束了旧城区居住环境差、设施配套水平较低的状况。启动了西区和衢江新城区建设，市高新技术园区、东港工业园区，坊门街、三衢路、江滨路、府山公园、斗潭公园、衢江大桥等一批城市景观和基础设施项目相继建成，城市面貌和人居环境明显改观。建成区已由1985年的11平方公里扩展到2006年的88平方公里，城市化率达到37.8%，主城区城市人口达到了32万人。

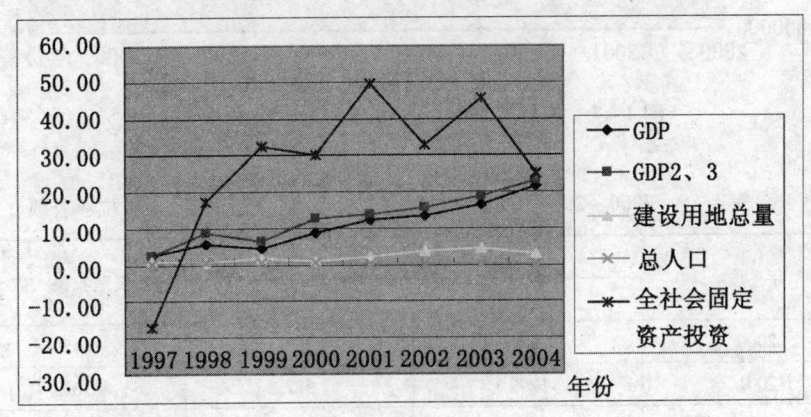

图4-6　衢州市历年建设用地增长速度与经济社会发展速度比较

"十一五"期间，衢州市进一步确立了"大衢州"观念，加强了市域空间规划，以中心城市为龙头，县域经济为支撑，构建合理的产业、基础设施和人口布局，着力提高中心城市首位度，加快培育"一个中心、四个县城"为主体的浙西城市群，逐步形成"中心城市、县城、中心镇"功能互补、梯次推进的发展格局，推动城乡统筹发展。预测到2010年，衢州市城市化率为50%；到2020年，衢州市城市化率为60%。

二、城市化进程中征地与失地农民状况

2000年以来，衢州市社会经济和城市化迅速发展，大量农地被征收转用，耕地面积逐年减少（见图4-7）。到2006年，衢州市共征收土地38935公顷，其中耕地16886公顷，产生失地农民2726095人（见表4-9）。

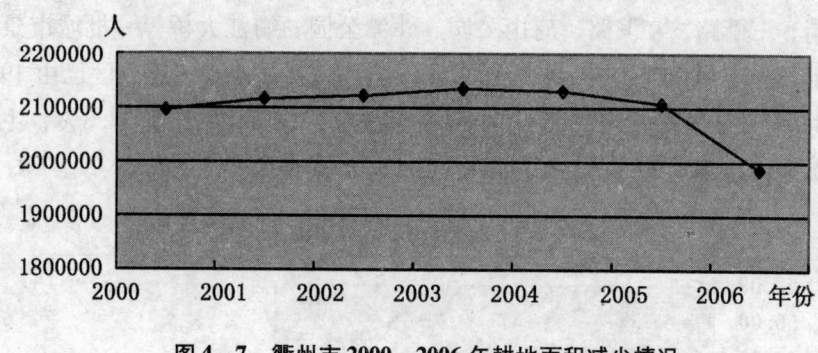

图 4-7 衢州市 2000~2006 年耕地面积减少情况

表 4-9 2000~2006 年衢州市征地与失地农民数量演变   单位：公顷、人

年　度	征收土地情况		失地农民人数
	总面积	其中耕地面积	
2000	374	207	3450
2001	1299	587	9623
2002	1938	960	15484
2003	2974	1414	22806
2004	858	332	5355
2005	2789	1368	22065
2006	28703	12017	193822
总　计	38935	16886	2726095

数据来源：根据衢州市国土资源局农用地转用统计报表 2000~2006 年整理测算。

三、征地管制政策改革的探索与实践

由于征地补偿标准低、方式单一，征地范围广，产生了很多的失地农民。在这些失地农民中，属于失地又失业的约占一半，他们难以维持正常的生活。为了维护他们的利益，被征地农民通过上访、请愿、静坐示威等合法手段延缓征地的进行，有些甚至采取极端手段阻止征地行为。近年来，征地问题不断激化着社会矛盾，民众对抗政府事件时有发生。为了缓和社会矛盾，促进社会、经济持续、健康发展，衢州市不断探索改革征地问题。

（一）区片综合价

为进一步规范征地行为，统一征地补偿，保护被征地单位、被征地农民和用地单位的合法权益，根据省政府《关于加强和改进土地征用工作的通知》（浙政发［2002］27号）、省国土资源厅《关于贯彻落实省政府加强和改进土地征用工作通知的若干意见》（浙土资发［2003］21号）和《衢州市区征用集体所有土地管理暂行办法》（衢政发［2002］65号）文件精神，衢州市制定了市区征地区片综合补偿标准。

1. 范围与标准

根据土地利用区位的不同，将衢州市区划分为6个区片，具体见表4-10。

表4-10 衢州市区征地区片划分

区片等级	东	南	西	北
一级	衢州机场 浮石二桥接线	三衢路 双港大桥	衢江	衢江
二级	白沙溪	46省道 江山港大桥	浙赣 铁路	浙赣铁路 三衢路
三级	乌溪江	石室二桥及接线	衢化铁路	衢化北三道
	乌溪江	衢化北三道	衢化铁路	46省道
	乌溪江	46省道	衢州机场	衢江
四级	衢州城市建设用地规划控制区范围内一至三级以外的土地			
五级	建制镇规划区、乡政府所在地规划区范围内的土地			
六级	衢州市区范围内一至五级以外的土地			

根据不同地段、地类、人均耕地、经济发展水平等情况确定了衢州市6个区片综合补偿标准，具体见表4-11。征地区片综合补偿标准包括土地补偿费、安置补助费、青苗补偿费、地上附着物补偿费（包括林果木补偿费、粪池、粪缸补偿费）。房屋拆迁及重大水利、电力设施补偿除外。征地区片

综合补偿标准包含的青苗和地上附着物补偿费，采取包干的形式包干给被征地单位，由被征地单位照实清点后，分配支付给青苗和地上附着物的所有者。

表4-11 衢州市区征地区片综合补偿标准　　　　　　　　单位：万元/亩

土地等级 \ 土地分类	耕地	园地 林地	建设用地	山塘水库、山林地、山坡地	未利用土地
一级	7.0	4.5	4.0	3.5	2.6
二级	5.5	4.0	3.5	3.0	2.2
三级	4.8	3.5	3.0	2.5	1.8
四级	4.2	3.0	2.5	2.2	1.6
五级	3.6	2.8	2.2	2.0	1.4
六级	3.2	2.6	2.0	1.8	1.2

说明：

（1）耕地包括水田、专业菜地、旱地、望天田。原属耕地改为鱼塘、鱼池或果园、桑园、茶园、竹园等园地的，参照耕地补偿标准补偿。

（2）园地、林地指坡度在20度以下的园地、林地。

（3）建设用地指农村宅基地、村庄道路、晒场、乡村企业用地等。

（4）山林地、山坡地包括疏林山、未成林造林地及坡度在20度以上的林地、园地。

（5）未利用土地指农用地和建设用地以外的土地，包括荒地、荒山杂地等。

2. 成效与问题

实行征地区片综合价以后，衢州市征地补偿标准是以往的1.5倍左右，保障了失地农民的利益。但是，征地区片综合价存在着以下问题：

（1）区片范围划分非常粗糙，基本以乡镇为界，很难体现乡镇内部的土地区位差异。

（2）征地综合价仅考虑了土地的区位和土地的原用途，对于其他因素未予考虑，也就是说农地补偿未能按照其最佳最高用途进行补偿。

（3）建设用地征地补偿标准仅为耕地的一半左右，非常不合理。

因此，区片综合价基本上还是沿用现行征地补偿标准的相关规定，只是增加了区位因素。但这区位因素还不具体，需要不断改进。

(二) 为失地农民建立基本生活保障制度

2002年1月衢州市政府为推进城市化建设，决定在市区小南门、亭川两村开展"撤村建居"改革试点。市政府办公室下发了《关于在衢州市区小南门、亭川村开展撤村建居试点工作的意见》（衢政办发［2002］6号）。村改居的试点在社会保障设置上完全参照了城镇基本养老保险制度的办法。试点刚刚启动，当月22日市政府为加快花园岗区建设（后称"西区"），又下发了《衢州市人民政府关于印发衢州市花园岗区征用集体所有土地管理办法的通知》（衢政发［2002］8号）（以下简称《通知》）。《通知》对因征用土地造成多余劳动力以行政村为单位组织被安置人员参加社会保险。参加社会保险的政策按市政府村改居有关规定执行。当时西区有7个行政村参照试点村办法征地后直接按衢政办发［2002］6号文件规定参加基本养老保险。

2002年12月3日浙江省政府下发了《关于加强和改进土地征用工作的通知》（浙政发［2002］27号）（以下简称《通知》）。《通知》中首次明确提出被征地人员基本生活保障制度这一概念，并要求从2003年起，全省各地要建立被征地人员基本生活保障制度。2003年5月16日浙江省劳动保障厅等五部门联合发文《关于建立被征地人员基本生活保障制度的指导意见》（以下简称《意见》）（浙劳社农［2003］79号），《意见》对保障对象、缴费水平、待遇标准、资金分担比例等分别做了原则规定。

为了推进衢州市城市化进程，保障被征地人员的合法权益，促进经济和社会的可持续发展，维护社会稳定，根据省政府《关于加强和改进土地征用工作的通知》（浙政发［2002］27号）和省劳动和社会保障厅、财政厅、国土资源厅、民政厅和农业厅《关于建立被征地农民基本生活保障制度的指导意见》（浙劳社农［2003］79号）的文件精神，结合该市实际，制定了《衢州市区被征地人员基本生活保障试行办法》（衢政发［2003］46号）。

1. 范围和对象

（1）衢州市区城市规划区范围内的行政村（以下简称村），3年内规划用地达到计税面积80%以上或实际面积60%以上的，以村为单位为已办理"农转非"手续且年满16周岁以上的被征地人员，一次性向市或区社会保险事业管理局（以下简称社保局）办理基本生活保障手续。被征地人员应根据征地主体决定到市或区社保局投保。

（2）下列人员不列入被征地人员基本生活保障范围：被征地时未满16周岁的；已参加城镇企业职工基本养老保险（以下简称基本养老保险）并已按月享受基本养老保险待遇的。

（3）被征地人员参加基本生活保障的手续在土地征用计划完成后办理，办理时应提供国土资源行政管理部门出具的征地比例和征地完成情况证明。参加基本生活保障的有关事项由所在村组织会议或村民大会讨论后决定，具体办理名单经乡（镇）政府或街道办事处审核，并经公示后（3天以上）无异议的，报社保局核定办理。

2. 基本生活保障办法

（1）被征地人员参加基本生活保障的，应按规定标准缴纳基本生活保障费。缴费标准分两档，A档37000元，B档33000元。被征地人员应在办理手续时以村为单位自行选择其中一档，一经选定，不再变动。所需资金由政府、村集体和个人共同负担，其中政府补贴30%，从土地出让金中列支；个人负担不低于25%；其余部分由村集体缴纳。有经济条件的村可以提高村集体的缴费标准并可相应提高被征地人员基本生活保障待遇。提高缴费标准所需资金从村集体土地补偿金及村集体资产变现等收入中支出。

个人和村集体缴纳的基本生活保障费由社保局为其建立个人账户，并按同期银行一年期存款利率计息；政府补贴部分进入社会统筹账户。

（2）领取基本生活保障金的对象为男年满60周岁以上、女年满55周岁以上的被征地人员。基本生活保障金起始标准对应缴费标准相应分档，月标准分别为A档230元，B档200元。基本生活保障金月发放标准每年正常增加5元。

征地时已到达基本生活保障金领取年龄的，从办理基本生活保障手续并缴清基本生活保障费用的次月起享受基本生活保障金待遇，直至去世。其他被征地人员到达基本生活保障金领取年龄时，在办理基本生活保障金领取手续后，从到达年龄次月起由市社保局按月支付基本生活保障金。

（3）基本生活保障费缴费标准和待遇标准根据衢州市经济发展情况或城

镇居民生活水平情况需作调整时，应由市人劳局会同有关部门提出意见，报市政府同意后公布实施。

（4）被征地人员按月享受的基本生活保障金依次从个人账户、社会统筹账户中支付。被征地人员在领取基本生活保障金期间死亡的，其个人账户余额由法定继承人或指定受益人继承；出国定居的，其个人账户余额可一次性支付给本人。

（5）现役军人（指义务兵、10年以下的专业军士）、16周岁以上的在校学生以及征地时未达到基本生活保障金领取年龄的"两劳"人员，按相应缴费标准提留费用，交由村集体经济组织代管。征地时已达到基本生活保障金领取年龄的"两劳"人员，纳入基本生活保障范围，并按规定标准缴纳基本生活保障费，其个人待遇从刑满或解除劳教次月起享受，且不享受服刑或劳动教养期间的待遇调整。

3. 资金筹集管理

（1）被征地人员的基本生活保障费，应在办理基本生活保障手续的当月一次性缴清（含政府补贴部分）。结算时，村集体及村民个人应缴纳的基本生活保障费可以与征地费用相抵扣，由国土部门根据社保局提供的应缴额直接将征地费用划入社会保障资金财政专户。

（2）政府建立被征地人员基本生活保障风险准备金，以应对未来的支付风险。被征地人员基本生活保障风险准备金来源包括：每年按当年被征地人员基本生活保障费总额的3%从土地出让金中提取；资金运作增值收入等。

（3）被征地人员的基本生活保障费等资金实行收支两条线和财政专户管理，单独建账，专款专用，不得挪用、截留或挤占。要建立健全监督和管理机制，财政、国土、人劳、社保等部门要采取切实有效的措施，确保资金安全运营并实现保值增值。审计部门要加强对专项资金的核查、监督。

4. 相关政策衔接

（1）对按规定不列入被征地人员基本生活保障范围的其他被征地人员，由村一次性发给相关补偿费用。

（2）劳动年龄段内的被征地人员，在被征地前已参加基本养老保险或在征地当年被用人单位招用或自谋职业，并已办理农转非户口的，可将其所缴纳的基本生活保障费（含政府补贴部分）按办理基本养老保险参保手续时上一年度同级职工平均工资和企业职工正常缴费比例或"双低"缴费比例（限2002年及以后年度）折算成基本养老保险缴费年限，但折算年限最长不超过12年，折算后有剩余的，个人账户部分可退还本人。在被征地次年及以后就业的，按参保时的缴费规定折算成基本养老保险缴费年限。其达到法定退休年龄时，按基本养老保险规定的"新人"办法计发基本养老保险待遇。在1997年12月底前已参加基本养老保险的被征地人员，按基本养老保险规定的"中人"办法计发基本养老保险待遇。

折算的缴费年限原则上作为从参保时往前补缴年限处理。对往前推算至16周岁时仍有剩余年限的，作为往后预缴年限处理。预缴年限内继续参保缴费的，其缴费年限不重复计算，个人账户予以叠加计算。

（3）被征地人员参加基本养老保险后，达到退休年龄时累计缴费年限不满15年的，由社保局按规定一次性发给基本养老金；经本人申请，也可继续缴费至满15年后办理领取基本养老金手续，按月享受基本养老保险待遇。

（4）被征地的农村退伍军人参加基本养老保险后，其在部队服役期间的军龄可视同缴费年限。

（5）原参加农村养老保险的被征地人员参加基本养老保险后，其原参保缴纳的农村养老保险费可按规定转移折算成基本养老保险缴费年限，也可申请一次性支付。转移折算手续应当在办理基本养老保险手续的当年进行。

（6）已按有关规定享受其他生活待遇的被征地人员，按不重复享受和就高不就低的原则，由本人确定享受其中一种。

（7）享受基本生活保障待遇人员的医疗保障具体办法另行制定。

5. 成效与问题

衢州市基本生活保障制度从试点到推行已近5年时间。5年来，在各级政府领导的重视下，通过各部门的大量宣传和积极引导，这项制度已经得到了被征地人员的认同。截至2006年底，衢州市共有20个行政村的8578人参加了基本生活保障，其中：西区12个行政村5617人，经济开发区7个行政村2805人，高新园区1个行政村156人；有2920人享受了基本生活保障待遇；累计欠缴基金22543万元，其中：西区14161万元，开发区8381万元；

累计收缴基金 14559.43 万元，其中：政府出资部分 186.76 万元，政府资金到位率 2.09%，其中：西区 0.09%；开发区 0.92%；高新园区 100%（见表 4-12）。

表 4-12 衢州市参保情况调查表　　　　　　　单位：人、万元

项 目	合计	西区	经济开发区	高新园区
覆盖村镇个数	20	12	7	1
累计参保人数	8578	5617	2805	156
当年累计参保人数	461	65	240	156
累计转入养老保险人数	2178	980	1198	
累计享受待遇人数	2920	2038	851	31
实收基金数	14559.43	11262.23	2979.06	318.15
欠缴基金数	22542.64	14161.72	8380.92	0
历年欠缴基金数	21737.32	13935.19	7802.13	0
历年政府补贴欠缴数	8452.20	5737.47	2714.73	0
当年欠缴基金数	805.32	226.53	578.79	0
当年政府补贴欠缴数	300.77	62	238.77	0
累计结余基金数	8623.65	—	—	—
月人均保障待遇水平（元）	384	406	342.74	120

数据来源：根据衢州市社保局失地农民参保统计资料整理。

基本生活保障制度的建立和实施，是建设平安衢州、改善投资环境、推进城市化进程、解决"三农问题"以及维护农民利益的重大举措之一。基本生活保障开展 5 年来，遍及市区 20 个行政村近 9000 名被征地人员参加了基本生活保障，近 3000 人享受了待遇，按月领取基本生活保障金。

现行生活保障政策通过几年的平稳运行，对被征地农民的基本生活保障，有着积极作用，但这项制度对年轻的失地农民吸引力不大，参保欲望不强的缺陷也日趋显现。从对市区周边 6 个行政村人口、土地、经济收入、被征土地、年龄结构、外出务工情况和受教育程度等几方面调查情况看（见表 4-13），共有在册农业人口 4089 人，其中有 2637 人失去了土地，失地率达

64.49%。人均土地面积仅0.71亩；16～55周岁的被征地人员占征地总人数的63.8%；外出务工人员共809人，其中751人已被征用了土地，失地农民的外出务工率为28.48%，其余71.52%的失地农民则处于未就业状态；其中，过溪坂村和严家圩村已办理基本生活保障，参保率是65.67%，其余4个村尚未开展基本生活保障工作。

表4-13 过溪坂等6村调查表

	过溪坂	严家圩	横路后	后垅张	黄家	王千秋	合计
村集体经济年收入（元）	14258	30000	5200	20700	73300	31000	174458
村民年人均收入（元）	4416	5170	2859	4200	6034	5105	4744
第一产业收入（元）	3016	2000	0	76	0	81	961
村民年人均收入平均增长率（前3年）	7%	3.67%	4.98%	1.99%	8%	11.30%	—
现实有土地面积（亩）	649	1250	0	0	319	700	2918
人均土地面积（亩）	0.93	1.14	0	0	0.32	1.46	0.71
在册农业人数	697	885	773	264	992	478	4089
其中：被征地人数	316	185	773	264	796	303	2637
已参保人员	162	167	0	0	0	0	329

从以上情况和近几年在制度实施中反映出来的问题分析认为：制度的总体框架是符合广大失地农民的切身利益的，是政府为民办的一件实事好事，但也存在一定的局限性。主要体现在：

（1）保障机制单一。土地是农民赖以生存的最基本的物质生产资料，失去土地意味着失去了最基本的生活保障。衢州市给农民的征地补偿费标准是3.5万～4万元/亩（含青苗和地上附着物补偿），而按目前城镇居民人均消费水平，这笔补偿费仅能维持两年多的基本生活。因此，建立失地农民基本生活保障制度是必要的，但现行制度参保后只能到一定的年龄时才能享受待遇，对年轻的失地农民这一群体表现出一定的局限性。他们从失去土地到领取生活保障金的时间间隔长达十几年甚至几十年，享受基本生活保障待遇对他们而言显得遥远，而当务之急的生活却依旧没有着落,且要考虑子女的就学、医疗问题、改善居住条件等。在调查的两个已经办理基本生活保障的行政村中,16~55周岁的人员占了在册人口的61%,但在参加基本生活保障对象中16~55周岁的人员仅占参保总人数的36%。由于保障制度的单一性的矛盾影响了年轻失地农民的参保积极性,制约了基本生活保障制度的进一步推进和实施。

(2) 保障水平偏低。衢州市基本生活保障金的起付标准是230元/月和200元/月两档,并且尚有更低的。月基本生活保障金每年月增加5元,现享受这两档人员月平均基本生活保障金为218元。而州衢市城镇离退休人员的月平均基本养老金为852元,是失地农民基本生活保障金的近4倍,且离退休人员基本养老金每年的调整幅度也远高于失地农民基本生活保障金调整幅度的10倍左右。两种保障水平之间差距的悬殊是显而易见的。失地农民原本就生活在城中村或城市的周边地区,生活水平和消费方式比偏远农村要高,标准过低难以保障其基本生活,也是影响参保积极性因素之一。

(3) 历年被征地人员基本生活保障工作难度大。2003年被征地人员基本生活保障制度出台前,衢州市征用土地后产生的农村剩余劳动力均实行货币化安置的办法,征地补偿费除村集体提留少量费用外,全部分配到户到人。由于当时征地补偿费相对较低,农户又无其他资金来源,分配到户到人的资金,经过几年的消费基本上没有积蓄可用于支付基本生活保障个人承担部分的费用。目前,全市参保的行政村,除极少数村实现村民自己负担个人应缴部分外,绝大多数村个人应缴部分均由村集体统一承担。剩下尚未办理基本生活保障的行政村,均无力承担个人应缴部分,有的行政村连村集体应缴部分都无力承担。因此,历年被征地人员基本生活保障工作难度大,村集体和个人的资金来源已成为一大难题。

(4) 国家重点工程征地,被征地人员参保难,参保后政府承担的资金到位难。近年来,衢州市交通基础设施建设项目较多,如浙赣铁路取直工程、衢常铁路、杭金衢高速、黄衢南高速等项目。其征地量大、线长,沿线涉及的行政村多、农户多,而大部分农户征地量都很少,可与省政府要求的即征即保口径计算，这种征地方式和征地量相对应同样会形成一定量的被征地人员，但实际操作时很难进行人地对应落实到人，即使落实到人的，由于重点工程没有把基本生活保障政府承担费用列入计划，参保后政府承担的资金也无处落实。如花园乡姜村等行政村土地被浙赣铁路改造和新客站征用了954亩，应参保1237人，实际参保629人，而政府实际到位资金才99万元，仅占实际应到位629万元政府资金的15.7%，黄衢南高速在柯城区华墅乡征地，按人地对应应参保582人，实际已参保500人，政府资金至今无法落实。

（三）留地发展与安置

为了加快经济社会发展和推进城市化进程，保障失地农民的长远生计，多形式、多渠道安置失地农民，促进可持续发展和社会稳定，衢州市政府在2000年出台了《关于印发衢州市规划区内村民建房用地和被征地村留用地发展空间管理暂行规定的通知》（衢政发［2000］103号）以留用地形式给集体发展二、三产业，2003年市政府出台了《衢州市人民政府关于加快市区城市化进程若干问题的意见》（衢政发［2003］71号），将留地安置形式由实物改为货币支付，2006市政府办公室又出台衢政办发（2006）69号（《衢州市人民政府办公室关于衢州市城市规划区内被征地村留地发展空间政策的补充意见》）。

1. 标准与措施

在城市规划区内因各类建设征用农村集体耕地的，且被征地村有留地要求的，可留给被征地村一定面积的土地，作为其生产生活发展空间。留地面积以该行政村1999年度统计年报人均占有耕地数的高低为依据相应确定。具体标准为：人均耕地0.2亩以下，按被征用耕地面积的10%计留；人均耕地0.2（含0.2）~0.4亩的，按被征用耕地面积的8%计留；人均耕地0.4（含0.4）~0.6亩的，按被征用耕地面积的6%计留；人均耕地0.6（含0.6）亩以上的，按被征用耕地面积的约4%计留。

留用地土地用于发展村级集体经济、兴办企业、发展生产的，应办理农民集体使用土地手续；留用土地用于建造店面和商品房的，应按协议出让方式供地。留用地要统一规划，统一管理，严格按土地利用总体规划和城市总体规划的规定用途使用。

2. 成效与问题

留地发展空间政策对于维护被征地农民的利益以及破解征地难、供地慢问题起到了积极的作用。据统计，自留地发展空间政策实施以来，衢州市按规定须返还给被征地行政村的村集体留地面积约 500 亩。通过留地发展二、三产业，壮大了村集体经济，解决了部分失地农民的就业问题，改善了失地农民的生活水平。

尽管留地发展空间政策在衢州市取得了一定的效果，但在实施过程中还存在一系列问题和矛盾。

（1）留地发展空间政策前后不一，村民思想上有抵触情绪。市开发区 2000 年 7 月曾下发衢开管 [2000] 218 号文件，文件明确留地发展空间政策为 10%，而且详细写明各村留用地数量，标明留用地块代码，文件所列各村有部分村已经执行到位，现在尚未执行到位的村要改按衢政办发 [2006] 69 号文件规定的 4% 执行，村民对此反响强烈，有抵触抱怨情绪。

（2）留地项目在空间落实上与城市规划功能、空间布局上存在矛盾，造成规划选址困难或无法落实选址。

（3）部分村庄在留地项目操作上的一些不规范做法引发或派生出许多矛盾，有的村庄以村集体二、三产业及公建项目为名，与他人搞房地产开发或合作经营，使村集体资产收益流失到私人企业主手里；有的擅自改变项目的性质和用途，给土地市场的规范管理带来相当大的难度。

四、城市化中名特优产品基地的征收、补偿与保护

城市化既是人口的城市化，同时又是土地的城市化，城市的扩张带来了大量农村土地的征收转用，并产生了众多的社会问题，如农地产权归属、失地农民利益维护、耕地保护等问题，引起了社会各界的高度关注。随着城市化的推进，城郊大量名特优产品基地被征收转用，造成名

特优产品基地不断缩小,产品品质下降,这种现象亟待引起重视。

(一) 衢州市衢江两岸椪柑基地征收与补偿分析

衢州地处钱塘江源头,工业发展相对较慢、污染少,森林覆盖率高达71%,生态环境良好,是浙江省重要的商品粮基地,畜禽生产基地和第一产橘大市,也是农业特产荟萃之地。柑橘、茶叶、生猪、蜂蜜、食用菌、毛竹等产品在全省乃至全国都占有相当的地位。全市各县(市、区)先后被中国特产之乡命名暨宣传活动组委会等单位命名为中国椪柑之乡、中国常山胡柚之乡、中国白鹅之乡、中国龙顶名茶之乡、中国笋竹之乡、中国猕猴桃之乡、中国金针菇之乡、中国蜜蜂之乡、中国特禽之乡等17个中国特产之乡。从2002年首批产品获原产地标记以来,衢州市已有12个名特优产品获原产地标记注册保护和通过省级评审,总数占全省1/4。衢江一品红椪柑、开化龙顶茶、柯城不老神鸡、江山蜂产品、常山胡柚、龙游笋竹等一大批名特优农产品享有较高市场知名度和美誉度。

衢州市柑橘生产有1400多年的历史,是浙江省最大的柑橘产区,衢州椪柑获得国家原产地保护,是农村的一大支柱产业,是农民收入的主要来源之一。衢州柑橘的品种特色优势主要体现在椪柑、温州蜜柑等宽皮柑橘上。全市宽皮橘产量占总产的82%,其中椪柑占65%左右,椪柑是世界公认的鲜食柑橘良种,被誉为"亚洲宽皮柑橘之王",而世界宽皮柑橘仅占柑橘产量的17%,衢州的宽皮橘与欧美国家的紧皮柑橘在国际市场上可起到互补作用,开拓国际市场潜力大。

衢江两岸的椪柑基地是衢州名特优产品椪柑的载体。这些土地,生态环境独特,是衢州椪柑的摇篮。优质椪柑只能在这些数量极其有限的土地上生长,产量不多,尽管价格高昂,却供不应求,给当地村庄和农民带来了丰厚的收益。农业特产税于2002年在浙江省取消征收后,生产名特优产品带来的垄断地租便由当地农民占有了。

但随着工业化、城市化的推进,衢江两岸的椪柑基地不断被征收转用。据统计,2000~2006年以来衢江两岸的椪柑基地被征2373亩,优质椪柑基地不断缩小（见图4-8和图4-9），这是导致椪柑品质下降的重要原因。

当前，衢州名特优产品基地的征收补偿标准与其他土地一样，没有考虑垄断地租。造成名特优产品基地不断缩小，环境逐渐污染，产品品质下降，当地失地农民生活水平下降的程度比其他失地农民要高。

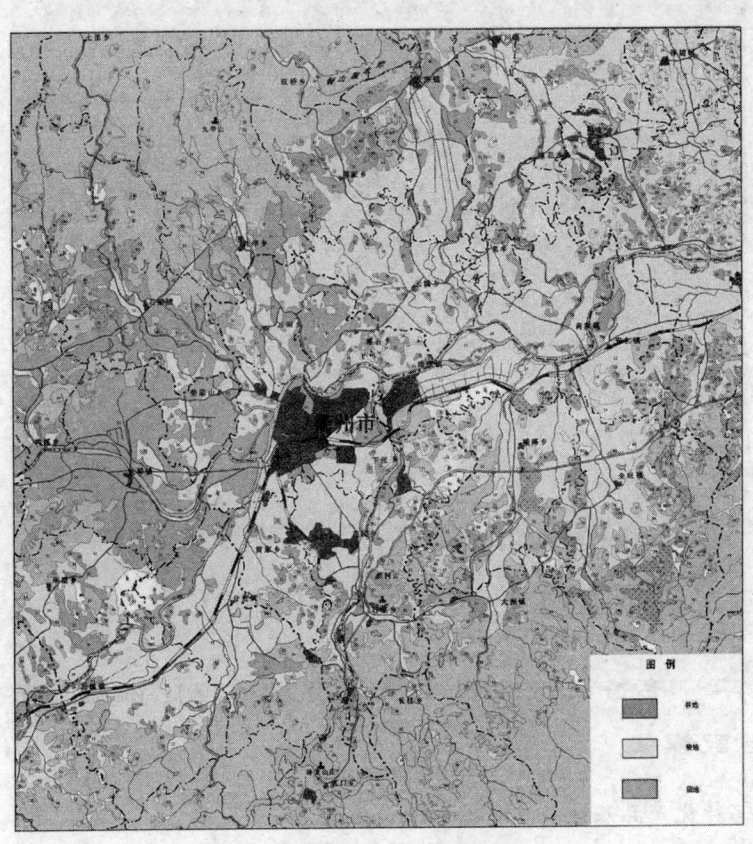

图4-8 衢州市2000年椪柑基地分布

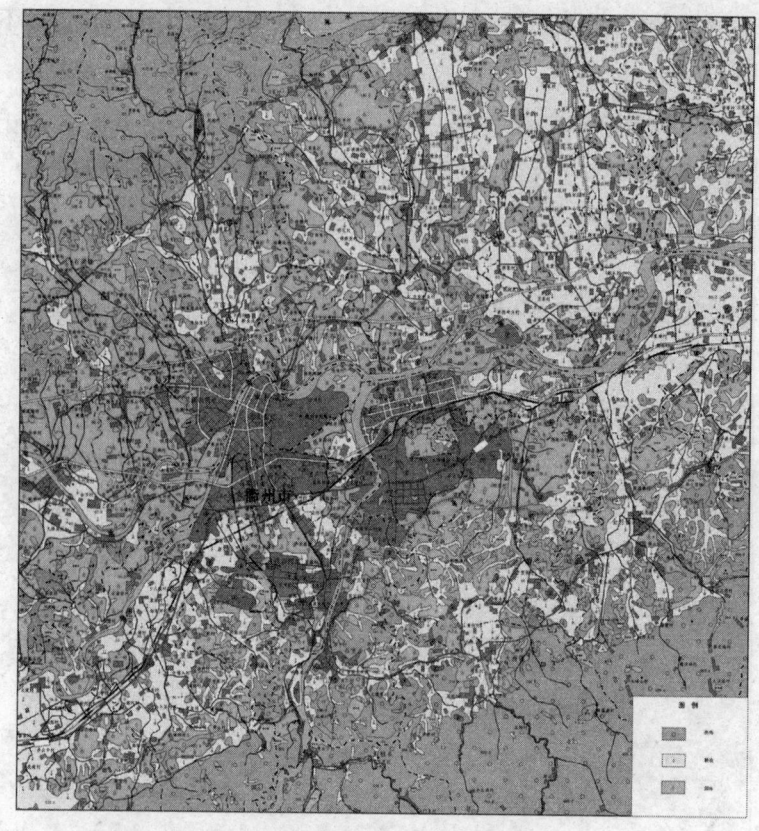

图4-9 衢州市2006年椪柑基地分布

(二) 名特优产品基地征收补偿：理论依据、补偿标准与分配模式

1. 名特优产品基地征收补偿的理论依据

马克思认为地租是土地所有权在经济上的实现，地租分为绝对地租和级差地租。此外，还有一种被马克思称为特殊形式的地租，即垄断地租。它是地租的一种特殊形式，指从具有独特自然条件的土地上所获得的超额利润转化而来的地租。垄断地租不是任何土地都能产生的，它只产生于具有某种独特自然条件的土地。如只有某些土地能生产某类珍贵产品（如人参、名茶等）。这类土地面积有限，利用这种土地生产的商品具有独特的品质，而且

产量有限,供不应求,产品的出售价格主要由购买者的爱好程度和支付能力决定,从而形成一种同产品价值决定无关的、大大高于生产价格的垄断价格。这个垄断价格带来的超额利润,不归租地资本家占有,而由资本家转交给土地所有者,形成垄断地租。正如马克思所说:"一个葡萄园在它所产的葡萄酒特别好时(这种葡萄酒一般来说只能进行比较小量的生产),就会提供一个垄断价格。由于这个垄断价格(它超过产品价值的余额,只决定于高贵的饮酒者的财富和嗜好),葡萄种植者将实现一个相当大的超额利润。这种在这里由垄断价格产生的超额利润,由于土地所有者对这块具有独特性质的土地的所有权而转化为地租,并以这种形式落入土地所有者中。因此,在这里,是垄断价格产生地租。"[①] 在资本主义社会,其他具有独特自然条件的土地,如生产某种稀有金属的矿山地段,某些旅游胜地的建筑地段,经营者都能依据其特有条件确定垄断价格,获得超额利润。这类独特土地上的超额利润,也会转为垄断地租。垄断地租不同于级差地租,也不同于绝对地租,它不是正常地租形式,而是一种特殊地租形式。垄断地租会因竞争规律的影响及购买者的需要和支付能力的变化而变化。土地所有权的存在,决定了这种垄断超额利润最终转化为垄断地租归土地所有者占有。

垄断地租是在特殊自然、经济条件下产生的超额利润。在我国,土地属于国家所有和农民集体所有,名特优产品基地的垄断地租理论上应由国家和农民集体分享。由于租税费体系混乱,国家实际上以农业特产税的形式分享垄断地租,农民集体则以村提留的方式分享。农业特产税于2002年在浙江省取消征收后,生产名特优产品带来的垄断地租实际上由当地农民占有。当前,由于没有考虑垄断地租,一旦名特优产品基地被征收,其补偿标准与其他土地一样,这是极不公平的。因此,本文建议对名特优产品基地的征收增加垄断地租补偿,以保护优质耕地和农民利益。

2. 名特优产品基地征收补偿的标准

根据上文分析,我们知道名特优产品基地征收补偿的标准应等于一般基地征收补偿标准加上名特优产品基地征收的垄断地租补偿额。垄断地租补偿

[①] 《马克思恩格斯全集》第25卷,北京:人民出版社,1974年,第873页。

额可根据名特优产品价格与一般产品价格之差额的资本化方法计算。假设名特优产品基地与一般产品基地亩产相同，区别仅在于品质。进一步假设一般产品价格为 A 元/公斤，名特优产品价格为 B 元/公斤，其差额为 C = (B - A) 元/公斤。因此，可得出名特优产品基地征收的垄断地租补偿公式为：

$$P = M \times C \times \{[(1+i)^n - 1] / [i \times (1+i)^n]\} \tag{4-1}$$

式中，i 为贴现率，一般取银行一年期存款利率[①]；M 为每亩平均产量，单位为公斤/亩；n 为收益年限，由于我国土地承包权一般为 30 年，因此 n = 30。

下面以衢州椪柑为例计算名特优产品基地征收的垄断地租补偿额。据调查，衢州椪柑亩产约为 1000 公斤/亩，优质椪柑的价格在 20 元/公斤左右，一般椪柑的价格在 10 元/公斤左右。

根据式 (4-1)，衢州每亩椪柑基地征收的垄断地租补偿额为：P = 1000 × 10 × {[(1 + 3.06%)^30 - 1] / [3.06% × (1 + 3.06%)^30]} = 194493 元。

在衢州，当前一等土地征收的补偿标准为 7 万元/亩，而上文计算出的垄断地租补偿额远高于现行征地补偿标准，现行征地补偿标准偏低是造成上述差距的主要原因。

3. 垄断地租补偿额的分配模式

根据马克思主义地租理论，垄断地租应归土地所有者所有，但实际上大部分垄断地租为土地使用者所占有。因此，式 (4-1) 计算出的垄断地租补偿额并不能完全归农民所有。本书认为，垄断地租额可按照农业特产税税率在政府和农民之间分配。1993 年 2 月 20 日国务院发布的《关于调整农业特产税税率的通知》（国发 [1993] 14 号）规定：海淡水养殖产品税率由 10% 降为 8%，其中水珍品由 15% 降为 8%；水果税率仍维持 10%，其中柑橘、香蕉、荔枝、苹果由 15% 降为 12%；果用瓜税率由 10% 降为 8%；原木税率由 8% 降为 7%（国有森工企业仍暂缓征收）。其他应税产品税率不得低于 5%，仍由各地自定，高限税率由 30% 降为 20%。因此，根据高限税率，本书建议补偿的垄断地租政府占 20%，农民占 80%。

[①] 根据 2007 年 5 月 19 日实行的利率标准，一年期整存整取利率为 3.06%。

第五章 浙江省不同农民群体对征地管制变迁的认知与反应

在城市化进程中,浙江各级政府不断探索各种适合地方实际、惠及失地农民利益的征地管制政策。本章通过对浙江省10多个县(市)、20余个村庄、800余位农民的详细田野调查,以了解不同的经济水平、不同的年龄阶段、不同的教育背景等各类群体农民对上述征地管制政策的认同度,以期为征地制度改革提供参考。

第一节 浙江省征地管制变迁梗概

浙江省是全国最具经济发展活力的省份之一,经济发展迅猛,城市化、工业化步伐相对较快,用地需求突出。据浙江省国土资源厅统计,从1987年至2006年底,全省共征收集体土地278467.27公顷,其中,耕地189910.71公顷,占68.20%。2000~2004年5年间,除2004年外,浙江省每年国家建设征收集体土地都在近2万公顷以上,2003年征收土地53910.14公顷,其中耕地36909.73公顷,占68.47%,用地量达到历史最高点,耕地比例也高于以往平均水平(见表5-1)。这期间,正是浙江省根据中央提出的浙江应提前实现现代化的要求,加大基础设施建设,实施"五大百亿工程",大量的高等级公路、铁路等交通项目及能源项目建设时期,客观上需要占用大量的土地。随着浙江省城市化、工业化的快速推进,大量的农村土地被征收、征用,并产生了众多的失地农民。为促进城乡社会经济持续、健康发展,根据"保障农民利益,控制征地规模,改革征地制度,完善征地程序"的要求,浙江省采取多种措施和办法，积极探索改革征地管制政策，出台了征地区片综合价、留地安置以及失地农民生活保障制度等政策。

表5-1 浙江省历年征地情况统计表　　　　　　　　单位：公顷、人

年度	征收土地情况		安置情况							
			安置农业人口数						安置劳动力人数	已参加基本生活保障人数
	总面积	其中耕地面积	小计		货币安置数	农业安置数	就业安置数	其他安置		
			城镇规划区内	城镇规划区外						
1987~1998年	83626.48	59154.32	881416		643260	62010	166939	3169	501722	117229
1999年	13777.13	7509.64	238288		230830	838	1187	5248	131160	16503
2000年	19187.95	13490.37	338770		331843	629	1242	5056	208263	25408
2001年	28103.64	19873.23	484528		465063	6073	194	12698	296315	59209
2002年	42241.05	30569.17	657511		625712	10056	400	21674	413755	104718
2003年	53910.14	36909.73	668211	119103	723777	20874	662	47533	508777	429671
2004年	11251.71	6634.63	148806	54370	179469	3823	391	18585	125961	289497
2005年	26369.17	15769.61	338008	94578	372478	8578	901	46245	263653	318579
总计	278467.27	189910.71	4023689		3572432	112881	171916	160208	2449606	1360814

数据来源：浙江省国土资源厅。

第二节　浙江省不同农民群体对征地后土地增值的认知与反应

通过农地征收，农用地转为建设用地，土地价格一般会发生上涨，即农地转用增值。对此，学者们提出了农地转用增值"涨价归公"（周诚，2003）、"涨价归农"（周其仁，2001）以及"涨价分享"（黄祖辉等，2002；鲍海君等，2002；周诚，2006）3种分配理念；王小映等（2006）还通过对

昆山、桐城、新都三地的抽样调查研究了农地转用增值收益在中央政府和地方政府之间的实际分配状况。这些研究引起了人们对于农地转用增值的兴趣，但是目前对于农地转用增值分配的研究基本上处于理论层次或政府层面，缺乏对集体土地所有权人和承包权人农民的关注。在民主政治逐渐推进的21世纪，不少国家的征地制度改革经验表明，倾听和尊重农民意见是土地政策有效实施的基础，是社会稳定和谐的保障（Fred G. Esposto，1996）。调查的目的在于通过样本调查探究不同群体农民对农地转用增值收益分配的态度，以期为征地制度改革提供参考。

不同的经济水平、不同的年龄阶段、不同的教育背景等各类群体农民，对于农地转用增值收益的分配会表现出不同的态度。通过调研了解不同群体农民对农地转用增值收益分配的态度及其行为意向，有针对性地制定相关政策，保障农民群众的知情权、参与权，有助于缓解城乡征地矛盾，维护农村社会的稳定与发展。

为此，我们在2007年2月对浙江省台州市水花村、临安市凉溪村、临海市杜东村、瑞安市海东村、丽水市富岭乡、义乌市隔湖村、绍兴市东旺村、玉环县东门村、武义县后陈村以及余姚市兰江街道、衢州市东港街道等10多个县（市）20余个村庄进行了专题调研。调研以问卷调查为主，结合实地访谈、小型座谈会等形式进行。其中问卷设计分为两部分，第一部分为被调查农民的基本情况，包括家庭收入、出生年代、收入来源、文化程度等；第二部分为征地相关情况，包括农民对农地转用增值收益分配的态度、分享增值收益的原因以及分享比例的要求等。我们总共发出1000份问卷，回收有效问卷800份。由于时间选择在春节假期，调查和访谈对象既有在家长期务农的农民，也有外出打工回家过节的农民及兼职从事第二、三产业的农民，从而保证了被调查农民的代表性。

一、不同年龄农民对土地增值收益的反应

随着年龄的增长，人对事物的认识也会不断变化（陈美球等，2005）。年龄差异会反映在对农地转用增值收益分配的态度上。为了深入分析不同年

龄农民对农地转用增值的态度，我们将被调查农民分成30岁以下、31~50岁、51~60岁、60岁以上4个不同阶段进行分析。

表5-2是不同年龄农民对于是否分享农地转用增值收益及其比例要求的调查表。在800份问卷中，90%以上的农民选择了"是"。调查表明，在土地上劳作时间越长，农民对土地的感情越深，对土地增值的贡献也越大。因此，较大年龄段农民对分享农地转用增值收益较强烈，对收益分配的比例要求也较大。其中，60岁以上的农民对分享农地转用增值收益的态度最强烈，96.43%的人认为应该分享农地转用增值收益，并且59.26%的人认为分享比例应在50%以上，远高于其他群体。

表5-2 不同年龄农民对分享农地转用增值收益的态度及其比例要求

年龄	是否分享增值收益		分享比例					
	是（%）	否（%）	10%以下（%）	10%~20%（%）	20%~30%（%）	30%~40%（%）	40%~50%（%）	50%以上（%）
30岁以下	88.55	11.45	1.64	9.84	15.57	15.57	20.49	36.89
31~50岁	90.05	9.95	7.90	5.79	18.95	16.42	13.68	37.26
51~60岁	93.20	6.80	0.01	11.11	18.18	13.13	17.17	40.40
60岁以上	96.43	3.57	3.71	14.81	3.70	7.41	11.11	59.26

但他们肯定农民应该分享收益的原因不尽相同。表5-3是不同年龄农民分享增值收益原因的调查表。调查表明，60岁以上的农民和51~60岁之间的农民，更多的是考虑土地属于农民集体所有，农民有权分享。这两个年龄段的农民，有过解放前土地私有或高级社前土地私有的经历，土地所有权意识较强。因此，其对增值收益的分享强调的是农村土地权利问题。31~50岁的农民，更多的是考虑失地后的生计保障。这个年龄段的农民，上有老下有小，日常生活压力最大，对失地后的生活缺乏信心。因此，他们希望分享增值收益以弥补失地后的生活保障。在第二、三产业发达的浙江省，30岁以下的农民实际上很少从事农业生产，他们对于分享增值收益原因的观念大部分来自于祖辈的传导。因此，他们的意见比较分散。

表5-3 不同年龄农民对分享农地转用增值收益的原因

年龄	分享原因			
	土地属于农民集体所有,农民有权分享(%)	农民长年累月在土地上劳作,贡献大(%)	土地是农民的保障,分享增值收益以弥补失地后的生活保障(%)	农民是社会的弱势群体,政府应该照顾(%)
30岁以下	23.91	20.29	29.71	26.09
31~50岁	24.65	11.17	40.40	23.78
51~60岁	27.16	16.05	29.63	27.16
60岁以上	37.94	8.62	31.03	22.41

二、不同人均年收入水平农民对土地增值收益的反应

现阶段农民的收入主要由农业收入和非农业收入两部分组成,且收入越高的农民,一般其非农业收入比重越大。为了深入分析不同收入水平农民对增值收益的态度,我们将被调查农民按年人均收入分成五组：2000元以下、2000~3000元、3000~4000元、4000~5000元、5000元以上。

我们的调查表明,不同年均收入的农民对是否应该分享增值收益选择"是"的百分比从年均收入2000元以下到年均收入5000元以上是依次下降的,但持肯定态度的百分比都在80%以上（见表5-4）。这说明,大多数农民,不管收入高低,都认为应该分享土地增值收益。

表5-4 不同人均年收入农民对分享农地转用增值收益的态度

人均年收入	是否分享增值收益	
	是(%)	否(%)
2000元以下	91.80	8.20
2000~3000元	90.44	9.56
3000~4000元	89.52	10.48
4000~5000元	84.65	15.35
5000元以上	82.15	17.85

其中，人均收入在2000元以下的农民，因为没有长期而稳定的非农收入来源，土地是他们最重要的生产工具。因此，这部分农民对增值收益分享的要求就显得特别强烈。而且，这个收入层30.34%的农民认为他们是社会的弱势群体，政府应该照顾，这个比例比其他收入层的农民要高。对于增值收益分享的原因，其他收入层的农民则强调土地是农民的保障，分享增值收益以弥补失地后的生活保障（见表5-5）。这也说明了目前农村缺乏社会保障，土地仍承担着我国数亿农民的社会保障功能。若征收农地，应给予失地农民建立社会保障体系。

表5-5 不同人均年收入农民对分享农地转用增值收益的原因

人均年收入	分享原因			
	土地属于农民集体所有，农民有权分享（%）	农民长年累月在土地上劳作，贡献大（%）	土地是农民的保障，分享增值收益以弥补失地后的生活保障（%）	农民是社会的弱势群体，政府应该照顾（%）
2000元以下	26.41	14.04	29.21	30.34
2000~3000元	20.83	15.28	34.72	29.17
3000~4000元	30.04	13.15	35.21	21.60
4000~5000元	25.81	11.98	38.25	23.96
5000元以上	24.72	12.64	39.29	23.35

表5-6进一步表明，在增值分享比例问题上，不同年均收入的农民选择分享50%以上增值比例的选项是最多的。令人困惑的是，年均收入5000元以上的农民有49.10%选择分享50%以上增值比例，这在所有收入层农民中是最高的。我们对此的解释是：这一群体大都已经脱离了农业，从事第二、三产业，有些可能已经成为农村家庭作坊的企业主，收入比较高。若农地转用增值分享比例低，拿到的款项不多，对他们的效用不大，很难引起他们的兴趣。这部分农民，实际上已经较多地享受了工业化、城市化发展成果，若再给予他们分享增值收益，实际上是不公平的。因此，农地转用增值分享应根据农民群体特点制定相应的政策。

表 5-6 不同人均年收入农民对分享比例的要求

人均年收入	分享比例					
	10%以下(%)	10%~20%(%)	20%~30%(%)	30%~40%(%)	40%~50%(%)	50%以上(%)
2000 元以下	10.81	0.00	18.92	21.62	21.62	27.03
2000~3000 元	6.52	6.52	19.57	14.13	16.30	36.96
3000~4000 元	6.20	10.62	15.04	14.16	15.04	38.94
4000~5000 元	3.06	11.22	13.27	25.51	15.31	31.63
5000 元以上	0.00	8.98	22.16	10.78	8.98	49.10

三、不同区位农村农民对土地增值收益的反应

区位不同,农民接触的事物也不相同。为了深入分析不同区位的农民对土地增值收益的要求,我们将被调查农民按不同区位分成 3 组:城中村农民、城乡结合部农村农民以及其他农村农民。

随着城市化的推进,城中村社会经济发展迅速,私房出租成为城中村农民的重要收入来源。在城中村,由于土地资产已经显化,农民对数量极为有限的农地非常重视。这些农地一旦被征收,土地增值的幅度远比城乡结合部和其他农村土地的幅度大。城中村农民对于农地转用增值的感受是非常深刻的,因此他们对增值收益的要求也较其他区位的农民强烈,88.46% 的城中村农民认为应该享受增值收益。尽管城中村农民是他们中收入最高的,但他们对待增值收益分享比例不像上文分析的人均年收入 5000 元以上的农民一样,他们对增值收益要求分享 50% 以上的比例为 33.33%,是 3 种类型农村农民中最低的(见表 5-7)。实际上,城中村农民通过私房出租,获取了较多的土地增值收益。我们在杭州市城中村调研中访谈的一位农民,他家里出租的房子有 10 多个单元房,每单元每月按 600 元计算,每月收入有 6000 多元。因此,他们对于增值收益是比较理性的,既认为土地属于农民集体所有,农民有权分享;同时也认识到农地转用增值包含了因政府规划、基础设施建设以及外部投资引起的辐射性增值和自然增值。

表5-7 不同区位农村农民对分享农地转用增值收益的态度及其比例要求

农村类型	是否分享增值收益		分享比例					
	是(%)	否(%)	10%以下(%)	10%~20%(%)	20%~30%(%)	30%~40%(%)	40%~50%(%)	50%以上(%)
城中村	88.46	11.54	4.35	17.39	23.19	15.94	5.80	33.33
城乡结合部农村	87.55	12.45	4.91	6.25	12.50	22.32	16.07	37.95
其他农村	84.91	15.09	5.16	10.31	16.49	6.19	15.46	46.39

城乡结合部是兼具城市和乡村土地利用性质的城乡过渡地带。这个地带的农民收入多样化，除了土地的产出，如时令蔬菜，他们还有各种非农业收入，如私房出租。因此，土地对他们的生活、生产具有重要影响。在其他农村，土地更是农民安身立命的依靠。因此，与城中村农民不同的是，这两类农民（33.54%的城乡结合部农村农民以及41.42%的其他农村农民）更多地考虑土地对农民的保障作用，分享农地转用增值以弥补失地后的生活保障。此外，其他农村中有28.40%的农民认为农民是社会的弱势群体，政府应该照顾（见表5-8）。

表5-8 不同区位农村农民对分享农地转用增值收益的原因

农村类型	分享原因			
	土地属于农民集体所有，农民有权分享(%)	农民长年累月在土地上劳作，贡献大(%)	土地是农民的保障，分享增值收益以弥补失地后的生活保障(%)	农民是社会的弱势群体，政府应该照顾(%)
城中村	40.87	16.52	23.48	19.13
城乡结合部农村	27.20	12.27	33.54	26.99
其他农村	25.45	4.73	41.42	28.40

四、不同文化程度的农民对土地增值收益的反应

文化素质的高低对个人认识的形成具有重要的影响,进而影响其行为。我们将被调查农民的文化程度分为两个层次:小学及以下、初中及以上。

调查表明,93.46%的小学及以下文化程度农民认为应该分享增值收益,他们中占54.64%的人要求分享50%以上的增值收益,这比初中及以上文化程度农民高出近10%。在他们给出分享增值收益的理由中,与初中及以上文化程度农民一样,主要强调:土地是农民的保障,分享增值收益以弥补失地后的生活保障;农民是社会的弱势群体,政府应该照顾。引人注目的是,17.49%的小学及以下文化程度农民认为农民长年累月在土地上劳作,贡献大,这个比例远比初中及以上文化程度农民高(见表5-9)。这部分农民因为文化程度低,没有其他的一技之长,基本上以务农为主,在土地上投入的劳动和资金较多,长期给社会提供价廉物美的农产品,而获得的回报甚少。土地对他们来说意味着一切,失去土地后,生活更没了着落。

表5-9 不同文化程度农民对分享农地转用增值收益的原因

文化程度	分享原因			
	土地属于农民集体所有,农民有权分享(%)	农民长年累月在土地上劳作,贡献大(%)	土地是农民的保障,分享增值收益以弥补失地后的生活保障(%)	农民是社会的弱势群体,政府应该照顾(%)
小学及以下	26.00	17.49	29.60	26.91
初中及以上	24.47	11.48	38.67	25.38

在我国,农民的文化程度一般较低。初中以上文化程度的农民极为有限,在我们的调查样本中不到10%,仅有75位。初中以上文化程度的农民一般收入较高,在农村中处于较高地位。但他们又分成两类,一类主要从事非农产业,农业只是兼职;另一类主要从事养殖、苗木栽培等。前一类农民已经半城镇化了,他们对土地的依赖性不强,而后一类农民的生产主要依赖土地。

由于前一类农民的存在，因此统计的结果是初中以上文化程度的农民比小学及以下文化程度农民对转用增值收益分享的态度弱（见表5-10）。实际上，从事养殖、苗木栽培等农民比其他农民投入了更多的资金、劳动和技术，并获得了相对丰厚的回报。这些回报都是依赖于土地的，因而他们非常反对农地转用。在台州市黄岩区院桥镇唐家桥村的实地访谈中，更加深了笔者对此的认识。该村一位58岁的高中文化程度的农民，一直以来从事柑橘栽培，承包了50多亩柑橘园，其"老倌人"黄岩蜜橘名气不小，2005年开始在网上销售，收入丰厚。他表示若将他的农地转用，损失难以估量，他将竭力阻止。因此，如何做好土地利用规划，避免投入了大量资金的优质耕地被征收转用，对于维护农民利益和保护耕地都有重要意义。

表5-10 不同文化程度农民对分享农地转用增值收益的态度及其比例要求

文化程度	是否分享增值收益		分享比例					
	是（%）	否（%）	10%以下（%）	10%~20%（%）	20%~30%（%）	30%~40%（%）	40%~50%（%）	50%以上（%）
小学及以下	93.46	6.54	2.06	7.22	16.49	10.31	9.28	54.64
初中及以上	88.66	11.34	1.74	5.81	16.28	19.77	11.63	44.77

五、不同收入来源的农民对土地增值收益的反应

不同的收入来源，土地对农民的重要性会有所不同，进而影响他们对土地增值收益的态度。为此，我们将被调查的农民按照收入来源分成4组：务农收入、外出打工收入、经商收入、其他收入。

调查表明，以务农收入为主的农民比以外出打工收入、经商收入和其他收入为主的农民对增值收益的态度更为强烈，以务农收入为主的农民有89.58%的人认为应该分享收益，并且其中48.30%的人要求分享的增值比例在50%以上，以外出打工收入、经商收入和其他收入为主的农民认为应该分

享收益比例分别是 86.19%、82.88% 和 78.95%，要求分享 50% 以上增值的比例分别是 42.35%、32.56% 和 43.93%（见表 5-11）。

表 5-11 不同收入来源农民对分享农地转用增值收益的态度及其比例要求

主要收入来源	是否分享增值收益		分享比例					
	是（%）	否（%）	10%以下（%）	10%~20%（%）	20%~30%（%）	30%~40%（%）	40%~50%（%）	50%以上（%）
务农收入	89.58	10.42	3.97	10.80	11.93	13.07	11.93	48.30
外出打工收入	86.19	13.81	4.08	9.69	17.35	15.82	10.71	42.35
经商收入	82.88	17.12	3.87	6.98	21.71	17.05	17.83	32.56
其他收入	78.95	21.05	1.74	8.09	17.34	15.61	13.29	43.93

在农民主要依靠土地产出来解决他们的衣食住行时，征地就切断了他们主要的经济来源，虽然农民会得到补偿，但现行补偿标准太低很难恢复他们征地前的生活水平。因此，他们强烈要求分享土地转用后的增值收益，以保障未来的生活。以外出打工收入、经商收入和其他收入为主的农民，相对于务农收入为主的农民对于土地的依赖程度是递减的，维持生活的方式更加多样化，就如组合投资一样，风险被分散，在失地后生活无着落的情景可能不大。虽然一定程度上脱离了土地，但由于城乡二元体制仍存在，土地依然是他们最后的保障。因此，他们与务农农民一样，选择土地是农民的保障，分享以弥补失地后的生活保障这个选项的比例相对其他选项是最高的（见表 5-12）。

六、小结

对浙江省 800 位农民的调查表明，不同的经济水平、不同的年龄阶段、不同的教育背景等各类群体农民对农地转用增值收益分配有着不同的态度和需求，但他们对于失地后生活的担忧以及分享农地转用增值的要求则是共同的，大部分农民都要求分享 40%~50% 以上的转用增值收益。根据农民群体的特点和需求,有针对性地制定相关政策,有助于缓解城乡征地矛盾,维护农村社会的稳定与发展。

表 5-12　不同收入来源农民对分享农地转用增值收益的原因

主要收入来源	分享原因			
	土地属于农民集体所有,农民有权分享(%)	农民长年累月在土地上劳作,贡献大(%)	土地是农民的保障,分享增值收益以弥补失地后的生活保障(%)	农民是社会的弱势群体,政府应该照顾(%)
务农收入	28.60	11.74	32.03	27.63
外出打工收入	24.83	13.77	33.63	27.77
经商收入	27.71	6.83	39.36	26.10
其他收入	38.14	15.38	28.21	18.27

第三节　浙江省不同农民群体对失地农民生活保障制度的认知与反应

由于征地补偿标准低,且补偿方式单一,失地农民的生活难以得到长期保障。很多学者提出了"土地换保障"的思路,认为当前建立失地农民社会保障制度对保护农民利益意义重大,并提出了建立失地农民社会保障的方法(温铁军,2000;梁鸿,2000;鲍海君、吴次芳,2002;赵锡斌、温兴琦、龙长会,2003;杨翠迎、黄祖辉,2004)。2003 年,浙江省在全省范围内建立了失地农民生活保障制度,其中主要是养老保障。

一、浙江失地农民基本生活保障制度的起源与发展

浙江失地农民基本生活保障制度始于嘉兴市。早在 1998 年底,嘉兴市就颁布了《土地征用人员分流办法》,为失地农民开办了基本养老保险,缓解

了征地矛盾。

2003年5月,在浙江省政府的大力支持下,浙江省劳动和社会保障厅、国土资源厅、财政厅、民政厅及农业厅联合在全国率先颁发了《关于建立被征地农民基本生活保障制度的指导意见》。明确了浙江省失地农民生活保障资金筹集模式是"政府出一点、集体补一点、个人缴一点",规定了三方出资的比例及资金来源:政府出资部分不低于保障资金总额的30%,从土地出让金中列支;集体承担部分不低于保障资金总额的40%,从土地补偿费中列支;个人承担部分从征地安置补助费中抵缴。同时,按照养老保障资金总额的一定比例(10%左右)建立失地农民养老保障风险准备金,从土地收益中列支或由财政安排。

此后,浙江省其他地市纷纷开始了以养老保障为主的失地农民生活保障制度的探索,表5-13总结了浙江省11地市失地农民基本生活保障制度的主要内容。

表5-13 浙江省11地市失地农民基本生活保障制度的主要内容

地市 项目	温州市	杭州市	台州市	嘉兴市	衢州市	宁波市	湖州市	绍兴市	舟山市	金华市	丽水市
参保年龄(岁)	16	16	18	16	16	-	18	-	16	不限	16
领取年龄(岁)	男60 女60	男60 女50	-	男60 女60	男60 女55	男60 女55	男60 女60	男60 女55	男60 女55	男60 女55	男60 女55
缴费期限(年)	-	15	15	15	12	-	12	-	-	-	17
缴费额(元)	46800	32200	-	34000	37000	46000	23000	18000	20000	18000	42000
给付水平(元)	260	410	520	398	230	300	220	200	200	220	260

注:本表是根据浙江省各地市有关试行办法或实施细则整理而成,其中缴费额及给付水平除了杭州市和湖州市外均取各市试行办法中的最高档。

2005年,浙江省人民政府办公厅颁布了《关于深化完善被征地农民社会保障工作的通知》,该文件充分肯定了各地所取得的成绩,进一步提出了"即征即保"的战略思想,对全省开展失地农民基本生活保障制度进行了部署,明确要求各地政府承担的保障资金及时足额到位,即必须在所征土地的出让金使用年终决算日之前到位政府承担的保障资金。

二、不同农民群体对失地农民基本生活保障制度的认知与反应

(一)不同年龄农民对失地农民基本生活保障制度的态度

表5-14反映了不同年龄农民是否愿意参加失地农民基本生活保障的态度。调查表明,51岁以上的农民大多愿意参加失地农民基本生活保障,其中60岁以上的农民由于参保后马上可以领取保障金,愿意参加的比例最大,达86.21%;而50岁以下的农民,特别是31~50岁这个年龄段的农民,上有老下有小,日常生活压力最大,离领取保障金的年限又较长,因此大多不愿参加失地农民基本生活保障。他们不愿意参加主要有以下原因:一是希望将征地补偿款用于创业或经商;二是对日后能否足额领回生活保障金缺乏信心;三是因医疗、教育支出,急需用钱,无力参保;四是征地补偿额还不够缴纳保费等。

表5-14 不同年龄农民对是否愿意参加失地农民基本生活保障的态度

年 龄	是否愿意参加失地农民基本生活保障	
	是(%)	否(%)
30岁以下	30.21	69.79
31~50岁	34.56	65.44
51~60岁	79.25	20.75
60岁以上	86.21	13.79

(二) 收入来源不同的农民对失地农民基本生活保障制度的态度

不同的收入来源,土地对农民的重要性会有所不同,进而影响他们对失地农民基本生活保障制度的态度。为此,我们将被调查的农民按照收入来源分成3组:务农收入、外出打工收入、经商收入。

在农民主要依靠土地产出来解决他们的衣食住行时,征地就切断了他们主要的经济来源。以务农收入为主的农民,由于没有其他劳动技能,因此,他们参加失地农民基本生活保障的要求最强烈,以保障日后有一笔固定的生活来源用于养老,愿意参加的比例达92.38%。以外出打工收入为主的农民,虽然一定程度上脱离了土地,其对土地的依赖不强,但由于打工收入有限,并且收入没有长期保障,因此他们也比较愿意参加基本生活保障,达85.22%。而以经商收入为主的农民,仅有一半左右愿意参加基本生活保障。他们不愿参加的原因主要是考虑到资金的时间价值和机会成本,每月领取300元左右的基本生活保障金对他们实在没有吸引力,他们希望将征地补偿款用于创业或经商;此外,部分经商农民购买了商业保险也使得他们不愿参加基本生活保障(见表5-15)。

表5-15 收入来源不同的农民对是否愿意参加失地农民基本生活保障的态度

收入来源	是否愿意参加失地农民基本生活保障	
	是(%)	否(%)
务农收入	92.38	7.62
外出打工收入	85.22	14.78
经商收入	48.15	51.85

(三) 不同文化程度的农民对失地农民基本生活保障制度的态度

文化程度的高低对个人认识的形成具有重要的影响,进而影响其行为。

我们将被调查农民的文化程度分为两个层次：小学及以下、初中及以上。

调查表明，89.39%的小学及以下文化程度农民愿意参加失地农民基本生活保障，这比初中及以上文化程度农民高出近20%，见表5－16。这部分农民因为文化程度低，没有其他的一技之长，基本上以务农为主。土地对他们来说意味着一切，失去土地后，生活更没了着落。因此，失地农民基本生活保障制度可使他们获得每月300元左右的保障金，以保障日后有一笔固定的生活来源用以养老。

表5－16 文化程度不同的农民对是否愿意参加失地农民基本生活保障的态度

文化程度	是否愿意参加失地农民基本生活保障	
	是（%）	否（%）
小学及以下	89.39	10.61
初中及以上	69.27	30.73

在我国，农民的文化程度一般较低。初中以上文化程度的农民极为有限，在我们的调查样本中不到10%，仅有75位。初中以上文化程度的农民一般收入较高，大都已经脱离了农业，从事二、三产业，有些可能已经成为农村家庭作坊的企业主。因此，他们对于失地农民基本生活保障积极性不高，他们更愿意将征地补偿款用于创业或经商，以获取更多的利润。

（四）不同区位农村农民对失地农民基本生活保障制度的态度

区位不同，农民接触的事物也不相同。为了深入分析不同区位的农民对土地增值收益的要求，我们将被调查农民按不同区位分成3组：城中村农民、城乡结合部农村农民以及其他农村农民。

随着城市化的推进，城中村社会经济发展迅速，私房出租成为城中村农民的重要收入来源。我们在杭州市城中村调研中访谈的一位农民，他家里出租的房子有10多个单元房，每个单元每月按600元计，每月收入有6000多元。此外，城中村一般集体经济比较雄厚，每年都有一定数额的分红，多的每人每年高达几万元。调研中,我们发现城中村农民对每月300元左右的失地农民基本生活保障基本上抱无所谓态度,尽管他们愿意参加的比例较高,达89.52%,见表5-17。

表5-17 不同区位农村农民对是否愿意参加失地农民基本生活保障的态度

农村类型	是否愿意参加失地农民基本生活保障	
	是(%)	否(%)
城中村	89.52	10.48
城乡结合部农村	86.64	13.36
其他农村	95.52	4.48

城乡结合部是兼具城市和乡村土地利用性质的城乡过渡地带。这个地带的农民收入多样化,除了土地的产出,如时令蔬菜,他们还有各种非农业收入,如私房出租。因此,土地对他们的生活、生产具有重要影响。失地后,他们的收入下降得比较快,因此他们也比较愿意参加基本生活保障,尽管愿意参加的比例(86.64%)较城中村农民低,但生活保障制度对他们的作用远大于城中村农民。

在其他农村,土地更是农民安身立命的依靠。因此,与城中村、城乡结合部农村不同的是,这类农民更多地考虑土地对他们的保障作用,95.52%的农民愿意参加。

(五) 小结

对浙江省800位农民的调查表明,不同的经济水平、不同的年龄阶段、不同的教育背景等各类群体农民对失地农民基本生活保障有着不同的态度和需求。51岁以上的农民、务农收入和外出打工收入为主的农民、小学及以下文化程度的农民以及远离城镇的农民对失地农民基本生活保障制度比较欢迎,而50岁以下的农民、经商收入为主的农民以及城中村农民等,对于失地农民基本生活保障制度持无所谓态度,甚至持反对态度。因此,应根据农民群体的特点和需求,有针对性地制定相关政策,完善失地农民基本生活保障制度。

三、浙江失地农民基本生活保障制度的评估

(一) 失地农民基本生活保障制度实施的成效

1. 提高了征地补偿标准，维护了农民利益

基本生活保障制度明确了浙江省失地农民生活保障资金筹集模式是"政府出一点、集体补一点、个人缴一点"，并规定了三方出资的比例及资金来源：政府出资部分不低于保障资金总额的30%，从土地出让金中列支；集体承担部分不低于保障资金总额的40%，从土地补偿费中列支；个人承担部分从征地安置补助费中抵缴。

由此可见，基本生活保障制度实际上是提高了征地补偿标准，政府为每个失地农民额外补贴了近10000元。从实地调查来看，大部分的农民也都支持基本生活保障制度。这表明，基本生活保障制度是政府让失地农民分享城市化成果和农地转用增值收益的有益实践，维护了农民利益。

2. 满足了失地农民基本生活需要，促进了社会稳定

据浙江省劳动和社会保障厅统计，截至2006年6月底，全省已有207.51万名被征地农民纳入社会保障范围，其中，174.26万名参加基本生活保障，33.25万名参加了职工基本养老保险。目前，有78.75万名符合条件的参保对象已按月领取基本生活保障金或基本养老金。一笔300元左右的固定的生活来源，可以满足失地农民的基本生活需要，不至于在失地后流落街头，促进了社会稳定。

3. 缓和了征地矛盾，保障了用地需求

浙江省人多地少，人地矛盾特别突出。2000年以来是浙江省根据中央提出的浙江应提前实现现代化的要求，加大基础设施建设，实施大量高等级公路、铁路等交通项目及能源项目建设时期，客观上需要征占大量土地。据浙江省国土资源厅统计，2000~2005年共征地181063.7公顷，其中耕地123246.7公顷，约占所征土地的68%。耕地是土地中的精华，是农民最主要的生产资料。征地特别是征收耕地会导致农民失去赖以生存的依靠，现行补

偿标准又无法弥补农民的损失，因此，征地矛盾较大，用地需求难以保障。对一线征地管理人员的访谈表明，一个征地项目一个故事，十分艰辛。基本生活保障制度出台后，不但提高了征地补偿标准，而且让农民感觉到政府是在积极解决问题，让失地农民分享城市化成果。因此，基本生活保障制度在一定程度上缓解了征地矛盾，保障了用地需求，促进了经济持续发展。

（二）失地农民基本生活保障制度的挑战

1. 基本生活保障制度出台前的失地农民保障问题

2003年被征地农民基本生活保障制度出台前，浙江省征地后产生的农村剩余劳动力均实行货币化安置的办法，征地补偿费除村集体提留少量费用外，全部分配到户到人。由于当时征地补偿费相对较低，农户又无其他资金来源，分配到户到人的资金，经过几年的消费基本上没有积蓄可用于支付基本生活保障个人承担部分的费用。目前，全省参保的行政村，除极少数村实现村民自己负担个人应缴部分外，绝大多数村个人应缴部分均由村集体统一承担。剩下尚未办理基本生活保障的行政村，均无力承担个人应缴部分，有的行政村连村集体应缴部分都无力承担。因此，历年被征地农民基本生活保障工作难度大，村集体和个人的资金来源已成一大难题。

2. 违法征地导致的失地农民保障问题

近年来暴露出的郑州市政府"违法征地"大案使人们对"违法征地"现象有了更清晰的认识。实际上，"违法征地"在全国都十分普遍，浙江也不例外。调查发现，县市政府、乡镇政府，甚至村委会都是违法征地的主体，许多村委会在当地政府的默许下以村委会的名义向村民征购土地然后转手赚钱。违法征地导致的失地农民不在生活保障制度规定的范围之内，无法享受政府补贴，但他们又受制于各级政府乃至村委会的权力，很难成功上访或上诉。

3. 失地农民的医疗保障等问题

土地是农民赖以生存的最基本的物质生产资料，失去土地意味着失去了最基本的生活保障。浙江省征地补偿费标准是每亩4万元左右，而按目前城镇居民人均消费水平，这笔补偿费仅能维持两年多的基本生活。因此，建立失地农民基本生活保障制度是十分必要的。但现行基本生活保障制度仅给了失地农民基本的养老保障，而对医疗、失业等保障未予充分考虑，极有可能产生因病致贫、因病返贫的现象。

第六章 征地管制的政策供给与制度安排

本章在以浙江为案例的征地管制变迁田野调查基础上，借鉴境外征地经验（见附录），首先对我国征地管制的政策供给和制度安排作出了详尽分析，提出了经济性征地管制政策、社会性征地管制政策以及对征地"管制者"的管制政策的建议。最后，根据国际上政府管制的发展动态，展望了我国征地管制的趋势，即征地治理机制的多元化趋势、征地管制的一体化趋势、征地管制的社会化趋势以及征地管制的绩效化趋势。

第一节 经济性征地管制政策供给与制度安排

一、征地补偿制度改革的原则、思路与方案

（一）征地补偿改革的原则

1. 公平合理原则

第三章已经指出征地补偿的"公平合理"原则从《国家建设征用土地条例》开始就不再在法律法规中提及。虽然目前我国的征地补偿标准已较以前有了大幅提高，但是征地补偿标准的提高并不意味着农民得到了公平合理的补偿。因为随着社会经济的发展、物价的上涨尤其是土地资产价值的凸显，补偿标准幅度的提高已经大大抵消。实际上，按照现行征地补偿标准，我国

失地农民是很难维持原有生活水平的。这一点，也得到了国务院的认可，并且国务院于近期发布了文件规定当地人民政府可以用国有土地有偿使用收入予以补贴。因此，在征地补偿改革中，应在法律、法规中明确公平合理补偿原则。那么，公平合理原则具体体现在征地补偿中又是什么呢？通过上文分析，认为：在征地补偿中遵循公平合理原则，就要坚持以土地的市场价值给予被征地农民补偿，不以土地市场价值补偿与我国社会主义市场经济制度相违背。另外，由于我国特殊的城乡二元结构，土地是国家赋予农民的社会保障，失去土地后，农民也就失去了土地保障，因此公平合理的补偿原则也要求国家给予失地农民的社会保障补偿。

2. 社会公正原则

社会公正，主要是指对一定社会结构、社会关系和社会现象的合理性和合理程度的一种伦理认定和道德评价。认定和评价的标准，体现在一定社会的性质、制度以及相应的法律、法规、章程、惯例等是否有助于社会的存在和发展，从而是否最终有助于个人正当需要的实现上。社会公正的根本问题，是社会对每个人权利和义务的分配。社会公正对一个社会来说是极为重要的，它贯穿着社会关系的方方面面，制约着人与人之间的分工和合作。征地过程，在某种程度上是一种利益的再分配过程。因此，征地补偿，必须坚持社会公正原则，力求协调各方的利益。当前，在城市土地二级市场上，按照我国《中华人民共和国土地增值税暂行条例》的规定，根据土地增值额度转让方可以获得40%～70%的增值收益；而在农村，片面强调征地中的"涨价归公"，强制剥夺农民的土地发展权。这两种现象并存是极不公正的。在征地过程中，必须赋予农民与城市土地使用者同等的待遇和权利，这样才符合社会公正原则。

（二）征地补偿改革的总体思路

本书前面部分对我国征地补偿制度做了详细的回顾，剖析了现行征地补偿存在的问题，总结和评价了近年来浙江省的征地补偿实践，并提出了征地补偿改革所应遵循的原则。这些都为我国当前征地补偿改革提供了基础。

2004年修订的《中华人民共和国宪法》第二十条规定："国家为了公共

利益的需要，可以依照法律规定对土地实行征收或者征用并给予补偿。"由此可见，宪法将征地分为征收和征用两类。本书认为：土地征收，是指国家根据公共利益需要而行使公权力，以公平补偿和正当程序为条件，强制取得农民集体所有的土地所有权的行为。土地征用，是指国家根据公共利益需要而行使公权力，以公平补偿和正当程序为条件，强制取得土地所有权以外的土地他项权利，待特定公共事业完成后，仍将土地归还原土地所有人的行为。按此区分，土地征收涉及所有权变更，土地征用不涉及所有权变更。因此，土地征用补偿相对于土地征收来说比较简单，本报告对土地征用补偿只作简单讨论而重点讨论征收的补偿并提出改革方案。

通过前文研究，本书提出当前我国征地补偿的总体思路如下：

（1）征地补偿区分为征用补偿和征收补偿。

（2）对于征用，场地使用费根据土地的现状用途和征用时间，按照当地同类地段相同用途土地的年收益测算补偿价格，地上附着物和青苗按照市场价格补偿；未利用土地参照耕地征用标准补偿；因征用而破坏土地利用条件的，应当在征用结束后恢复土地原状或补偿能恢复土地原状的相当金额；若征用后破坏土地利用条件而无法恢复的，按有关规定重新办理土地征收手续，并按照土地征收补偿办法补偿。

（3）对于征收，若所征土地为农地，按照农地的市场价值补偿，并给予失地农民社会保障补偿，通过试点逐步取消对农地的发展权限制并对其补偿；若所征土地为集体建设用地，按照当地同类地段建设用地的市场价值补偿，并按《中华人民共和国土地增值税暂行条例》的规定收取增值税；若所征土地为未利用地，其补偿标准参照建设用地或农地补偿。

（三）征地补偿改革的方案

由于征用补偿相对简单，按照上文提出的总体思路即可测算。因此，下文不再对土地征用补偿进行详述。而对于征收，由于涉及所有权的变更，补偿比较复杂。下文将根据上文提出的征地补偿原则和总体思路，详细讨论集体建设用地、未利用地和农地征收补偿方案。

1. 农地征收补偿方案

农地征收补偿项目分为土地补偿、安置补偿和地上附着物与青苗补偿。

农地上的附着物和青苗的补偿相对简单，按各地的市场价值给付即可。安置补偿将在下文探讨，这里重点讨论土地补偿。

（1）近期方案：农地市场价值补偿。

当前，按照年产值的若干倍进行征地补偿的依据不够充分和科学，浙江等地推行的征地区片综合价也只是权宜之计，我们建议按照农地的市场价值补偿。

农地的市场价值主要受自然因素和社会经济因素影响。自然因素是指影响农地生产力的各种自然条件，包括≥10℃有效积温、无霜期、降雨量、降雨均衡度、湿度、灾害性天气状况、地形坡度、土壤质地、土层厚度、有机质含量、盐渍化程度、地下水埋深、农田基本设施状况、地块形状等；社会经济因素是指影响农地收益的社会经济发展条件和交通状况，包括区域城市化水平、城市规模、农业生产传统、人均土地指标、农民人均收入水平、单位土地投入资本量、单位土地投入劳动量、农产品市场供求、农机应用方便度、交通通达性等。

农地市场价值评估可采用收益还原法、市场比较法、成本逼近法、剩余法以及基准地价修正法等方法。收益还原法、市场比较法、成本逼近法、剩余法以及基准地价修正法参照中华人民共和国国土资源部标准《农用地估价规程》执行。

（2）远期方案：增加发展权补偿并设立调节基金。

按照农地的市场价值补偿使得农地得到了足额补偿，但正如前文所述，土地的发展权受到严格的管制甚至剥夺，农地转用后的土地巨额收益作为土地所有者的农民却无法享受，这是极不公正的。而且，从微观经济角度看，这也降低了配置效率和征地效率并延缓土地开发时机。因此，长远来说，应当给予农民发展权补偿。

发展权补偿方法如下：根据被征收农地自身利用条件、规划条件以及市场需求等综合判定土地的最佳最高用途，可采用收益还原法、市场比较法、成本逼近法、剩余法以及基准地价修正法等评估被征收土地地价。收益还原法、市场比较法、成本逼近法、剩余法以及基准地价修正法参照中华人民共和国国家标准《城镇土地估价规程》执行。然后，将最佳最高用途地价减去被征收农地地价即得到土地增值额，缴纳土地增值税后的金额即为发展权补偿金额或农民分享土地转用增值的金额。作为备选方法，可将与发展权补偿金额等值的建设用地留与集体发展。

为了保证新政策实施前后的公正性，应从新政策实施后的土地补偿费中拿出一部分（例如30%）作为调节基金。调节基金有两方面的作用，一是补助新政前的失地农民；二是调节不同规划用途下征地的土地补偿费的差距，以实现征地补偿的公平性。征地补偿调节基金设在村委会，如何补助新政策前的失地农民和调节不同规划用途下征地的土地补偿费的差距由村民代表大会决定。

2. 集体建设用地和未利用地征收补偿方案

集体建设用地的流转试点为征收补偿提供了一定的经验，并指明了方向。建设用地征收后的价格应按其最佳最高用途进行评估，而土地的最佳最高用途应结合土地自身利用条件、规划条件以及市场需求等综合判定。判定土地的最佳最高用途后，可采用收益还原法、市场比较法、成本逼近法、剩余法以及基准地价修正法等评估被征收土地地价。收益还原法、市场比较法、成本逼近法、剩余法以及基准地价修正法参照中华人民共和国国家标准《城镇土地估价规程》执行。然后，参照《城镇土地估价规程》评估被征收集体建设用地原用途的地价。最佳最高用途地价减去被征收集体建设用地原用途地价即为土地增值额。土地增值税的征收参照《中华人民共和国土地增值税暂行条例》执行：

（1）增值额未超过原用途地价总额50%的部分，税率为30%。

（2）增值额超过原用途地价总额50%、未超过原用途地价总额100%的部分，税率为40%。

（3）增值额超过原用途地价总额100%、未超过原用途地价总额200%的部分，税率为50%。

（4）增值额超过原用途地价总额200%的部分，税率为60%。

城镇周边的未利用土地一般为弃耕地或荒废的集体建设用地，其征收补偿参照集体建设用地补偿标准执行；远离城镇的未利用土地一般为沼泽、荒山等，其征收标准参照农地补偿标准执行。

二、征地后土地转用增值分配的理论模式与分享机制

对征地后土地转用增值,学术界持"涨价归公"、"涨价归农"以及"涨价分享"三种分配理念。笔者认为,要统筹城乡发展,必须在土地利益的分配上消除"城乡二元"的痕迹,让农民分享城市化和工业化成果,减少城乡利益冲突。

那么,属于农民部分的土地转用"涨价"究竟是多少呢? 根据德国土地利用和土地价格变化关系,结合我国土地利用总体规划、城市规划以及部分调查资料,我们来讨论土地转用增值分配模式。

首先,我们来看土地转用是如何"涨价"的。在图 6-1 中,农地的价值处于土地增值阶梯模型的底端,在政府有规划意图(例如将规划建设工业园区)时,此时该幅土地将增加 10%。随后,政府开始编制城市总体规划,确定该幅土地的大致用途,土地又开始"涨价",约涨 25%。接着,城市详细规划确定该幅土地的具体用途、建筑密度以及容积率等规划条件,地价约涨 25%。在完成基础设施建设后,生地开发成熟地,地价约涨 25%。最后,土地根据规划条件,最终完成土地开发项目,地价又涨 15% 左右。通过以上 5 个步骤,农地实现了转用增值。

其次,分别分析上述 5 个步骤中土地转用"涨价"的缘由。在规划意图、城市总体规划和详细规划 3 个阶段,土地"涨价"主要是由于政府对社会经济发展方向的把握、预测和规划等政府行为引起的。因此,这 60% (10% + 25% + 25%)的土地转用增值在理论上应归政府所有。在完成基础设施阶段,土地"涨价"主要是由于道路、水电等基础设施的完成而促成的。道路、水电等基础设施的完成离不开政府的行为(如政府可能通过财政拨款投资基础设施建设),因此,这部分"涨价"理应归公。换言之,这部分"涨价"的另一部分应属于全体公民,因为政府是用纳税人的税款进行基础设施建设的。在目前还是城乡二元结构的体制下,城市基础设施受益最大的往往是城市居民,而农民事实上没有得到应有的利益。在我国社会主义公有制条件下,政府不能仅仅代表城市居民利益,也应代表农民利益。从我国

农民占全国人口近70%的情况看,这25%的"涨价"应有部分归属农民(可为农民建立社会保障),这里暂且假定为1/2强(因为农民在全民中所占份额较大),即15%左右。在最终完成土地开发项目阶段,这15%的"涨价"应该归农民所有。因为农民集体提供了土地增值的物质基础,没有这种物质基础,何来土地增值。必须指出在这一阶段,开发商的贡献仅仅是在土地上建造了物业。开发商建造物业的预期是在物业建成后的经营收益和增值(包括土地增值),而这一阶段的土地"涨价"并不属于开发商。这15%的"涨价"应属于被征用土地的农民和农民集体,他们对该项土地增值有着重要的贡献。要是农民和农民集体不提供建设的物质基础,并不"放弃"农地的所有权和使用权,物业将成为"空中楼阁",这15%的"涨价"从何而来?

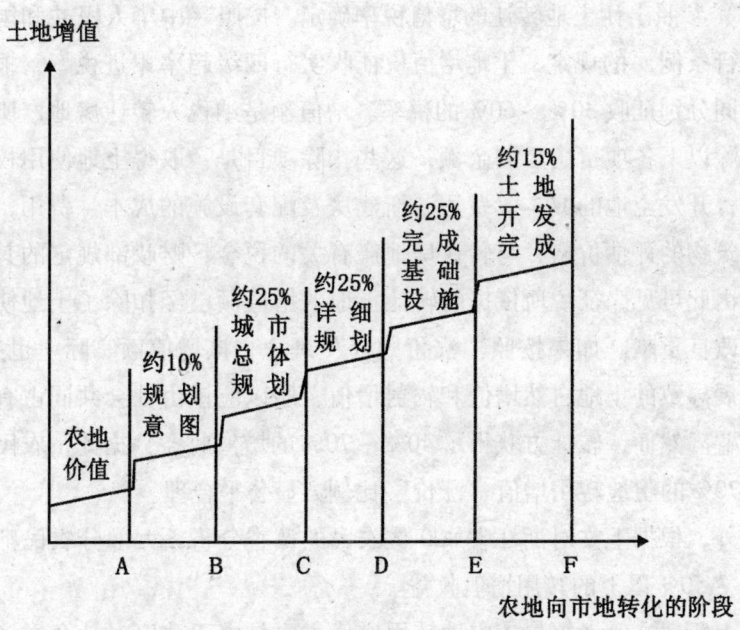

图6-1 土地转用增值分配的理论模式

最后,我们得出属于农民部分的土地转用"涨价"份额为30%左右。

需要说明的是，在上述 5 个阶段中，土地增值幅度的具体数据仅是理论性的，还没有得到实证。因此，需要进一步调查研究。

通过对农民的调研，借鉴和吸取美英等发达国家的经验和教训，笔者遵循"涨价分享"理念，提出统筹城乡征地增值利益的路径：根据城市土地二级市场上土地使用者获得的"涨价"比例确定征地增值利益分享比例，确保对城乡各阶层的公平合理。

（1）比照划拨用地补交出让金后的转让收益确定。企业申请用途转换后，补交出让金后便可以转让土地，而补交的出让金仅占转让收入的一半左右（如杭州市、衢州市等政府规定 40%～50%），也就是涨价的 50% 以上被企业占有了。基于公平考虑，这些并不拥有土地所有权的企业能获得 50% 左右的土地转用收益，相对于拥有集体土地所有权的农民至少应获得 50% 的转用增值收益。

（2）参照出让土地转让的增值税率确定。按照《中华人民共和国土地增值税暂行条例》的规定，土地增值税征收实行四级超率累进税率，根据增值额的不同分别征收 30%～60% 的税率。增值额是纳税人转让房地产所取得的收入扣除以下各项费用后的余额，这些扣除项目是：取得土地使用权所支付的金额；开发土地的成本、费用；新建房及配套设施的成本、费用，或者旧房及建筑物的评估价格；与转让房地产有关的税金；财政部规定的其他扣除项目。由此可见，征税所依据的转让土地的增值额已经扣除了土地使用人对土地的改良贡献。如果按照"涨价归公"理念，该增值额实际上也是社会、经济发展导致的土地自然增值和辐射增值，所以应该由社会共同占有这部分增值收益。然而，转让方获得了 40%～70% 的增值收益！据此，农民应获得 40%～70% 的土地转用增值"涨价"比例方显公平合理。

此外，根据上文对浙江省 800 位农民的调查分析，大部分农民都要求分享 40%～50% 以上的转用增值收益。

综上所述，笔者提出：农地转用增值主要是由于政府对社会经济发展方向的把握、预测和规划等政府行为引起的，但农民对土地转用增值也做出了特别牺牲，并且土地是属于集体所有，农民有权凭借土地这一生产要素参与分配土地转用增值、分享城市化发展成果，分享的比例应在 40%～50%

之间。

三、名特优基地征收的垄断地租补偿策略

名特优产品基地是耕地中的精华，农民在这些土地上投入了大量的资金、劳动和技术，凝结了农民朋友巨大的心血，同时土地也给予了他们丰厚的回报。

由于缺乏有效的规划引导和控制，随着城市化的推进，城郊大量名特优产品基地被征收转用，造成这些基地不断缩小，环境逐渐污染，产品品质下降。同时，由于没有考虑垄断地租补偿，使得名特优产品基地的失地农民生活水平下降的程度比其他失地农民要高。

因此，本书建议对名特优产品基地的征收增加垄断地租补偿，以保护优质耕地和农民利益。垄断地租补偿额可根据名特优产品价格与一般产品价格之差额的资本化方法计算，补偿的垄断地租可按照当前农业特产税税率在政府和农民之间分配。

1993年2月20日国务院发布的《关于调整农业特产税税率的通知》（国发［1993］14号）规定：海淡水养殖产品税率由10%降为8%，其中水珍品由15%降为8%；水果税率仍维持10%，其中柑橘、香蕉、荔枝、苹果由15%降到12%；果用瓜税率由10%降为8%；原木税率由8%降为7%（国有森工企业仍暂缓征收）。其他应税产品税率不得低于5%，仍由各地自定，高限税率由30%降为20%。因此，根据高限税率本书建议补偿的垄断地租政府占20%，农民占80%。

四、新增建设用地指标的政府管制策略与市场配置机制

目前，我国新增建设用地基本上是通过征地而形成。因此，通过新增建设用地指标控制可以实现征地管制。我国对新增建设用地指标实行"总量控制、层层分解、统一分配"的集中决策和指令性管理（张建生，2005；靳相木，2007）。这对于抑制土地市场投机、治理经济过热可能有一定的作用，

但集中决策可能存在的失误给市场机制带来的破坏可能是灾难性的。目前，发达地区用地极度紧缺，而欠发达地区为了招商引资不断降低投资门槛，粗放供地，造成土地浪费严重，即新增建设用地指标集中决策管制模式所造成的后果。

本书建议，在新增建设用地指标配置领域，引入可转让配额理论，将政府管制与市场机制有机结合起来，实现土地资源的可持续发展，具体策略如下：

（1）每年年底由中央政府确定下一年全国年度新增建设用地指标总量。新增建设用地指标总量的确定与各地的耕地保有量以及每公顷耕地承载的农业人口相挂钩，耕地保有量越多，每公顷耕地承载的农业人口越少，新增建设用地指标总量指标就越多。通过耕地保有量和每公顷耕地承载的农业人口这两个指标来平衡发达地区和欠发达地区的利益，为推动落后地区的发展，可将耕地保有量指标的权重定得大些，然后逐年减少，直至双方利益均衡。

（2）建立新增建设用地指标的市场交易网络和交易规则。由国土资源部制定新增建设用地指标的交易规则，各地在已建设的土地有形市场和网上市场增加新增建设用地指标的市场交易模块，建立新增建设用地指标的市场交易平台。

（3）新增建设用地指标的市场交易管理。经各地自行协商交易后，由相关国土资源部门确认并报省级国土资源管理部门对辖区内各地的新增建设用地指标的调整进行审批确认，跨省的新增建设用地指标调整经省级国土资源管理部门报国土资源部审批确认。

（4）发展中介机构，为新增建设用地指标的市场交易服务。新增建设用地指标的市场交易，涉及新增建设用地指标的估价等技术性工作，需要中介机构为其服务。

通过市场交易，新增建设用地指标的市场价格可以有效反映供需双方对新增建设用地的真实需求，既可以在合适的时候让新增建设用地指标"落地"搞开发，也可以向其他地区转让指标获得发展资金（靳相木，2007）。此外，这一机制可以校正信息不对称和管制者有限理性造成的"管制失灵"，避免土地的盲目开发和低效利用。随着该机制的完善，可以预期发达地区有更多的发展空间,而欠发达地区则由于指标交易而获得资金。土地资源在供求双方的多次博弈中得到均衡配置,从而实现新增建设用地指标配置的政府管制和市场调节的有机统一。

第二节 社会性征地管制政策供给与制度安排

一、完善现行失地农民生活保障制度

浙江失地农民生活保障制度从根本上保障了劳动年龄段以上的失地农民基本生活需要,但对大部分劳动年龄段内的失地农民来说,则面临失地后如何转换谋生方式和谋生手段的实际问题。因此,基本生活保障制度的完善要从实际需要出发,根据不同年龄、不同层次实行分类指导。

(1) 根据不同群体需求,丰富生活保障内容。对男年满60周岁、女年满55周岁的失地农民(以下简称劳动年龄段以上的人员),可以在国家、村集体和个人三方共同缴纳基本生活保障费用后,按照基本生活保障的办法直接享受保障待遇。对年满16周岁,男不满60周岁、女不满55周岁的失地农民(以下简称劳动年龄段以内的人员),采取"先培训、后就业、再保障"的思路,实行"失地农民备案制"。"失地农民备案制"由被征地行政村对符合失地条件的人员进行公示,报乡政府(镇、街道)审核,社会保险经办机构进行备案。对备案的失地农民先进行职业技能培训,培训后推荐就业或鼓励自主创业,就业后可以直接参加社会保险,达到培训—就业—保障的目的。实施"失地农民备案制"的失地农民,只缴纳政府和村集体两项费用,个人可以暂不缴纳费用,通过培训就业参加社会保险后,村集体缴纳部分可以一次性退还本人作为创业资金,以鼓励他们走自主择业自主创业的路子,改变"等、靠、要"的依赖观念。对部分通过培训仍未就业的失地农民,达到享受失地农民基本生活条件时,可以办理基本生活保障,缴纳个人承担的费用后享受基本生活保障待遇。

(2) 为 2003 年前被征地人员建立基本生活保障的统筹账户，政府负担的保障资金从土地出让金中列支。由于当时征地补偿费相对较低，农户又无其他资金来源，分配到户到人的资金，经过几年的消费基本上没有积蓄可用于支付基本生活保障个人承担部分的费用。剩下尚未办理基本生活保障的行政村，均无力承担个人应缴部分，有的行政村连村集体应缴部分都无力承担。因此，为历年被征地人员建立与近年来被征地人员相同的基本生活保障比较困难。现实的办法是为 2003 年前被征地人员建立基本生活保障的统筹账户，政府负担的保障资金从土地出让金中列支。

(3) 建立与社会发展水平相适应的失地农民基本生活保障制度。失地农民的基本生活保障享受待遇的高低，是体现这一制度是否具有科学性和合理性的重要标准，也直接影响着失地农民参加基本生活保障的积极性。十六届四中全会把新农村建设和缩小城乡差距列入了国民经济和社会发展的"十一五"发展纲要并提出了具体的措施。我们建议在失地农民基本生活享受待遇标准的设定上，既要体现权利和义务的对等，也要体现城市反哺农村的发展思路；既要有别于城镇社会保障制度，也要使两者具有一定的内在联系。同时要根据国民经济发展和社会发展水平的深化为失地农民所享受的基本生活保障待遇建立相应的调整机制。失地农民的生活保障工作是农村工作的一个重要方面，失地农民在年轻时能够充分就业，在年老时基本生活能够得到保障，这是失地农民的希望，也是党和政府的义务和职责。只有建立合理的保障才能有利于促进城乡协调发展，才能有利于社会繁荣稳定的局面的形成。

(4) 政府补贴区分不同类型。从 2003 年起，浙江省各地基本建立了被征地农民基本生活保障制度，所需资金按政府、集体、农民各出一点的原则解决，其中政府补贴 30%。这一做法透明度高、计算便捷、可操作性较强。但是统一标准补贴的办法忽略了地域、人均耕地面积、年龄结构、集体经济优劣等客观差异。由于地域位置不同，征地价格高低存在很大差别。城郊商住用地比例高，其他远郊却以工业用地和非商住用地为主，前者的征地价格比后者的征地价格要高若干倍；地域优势造就了城郊村庄的集体经济一般都优于远郊村，随着城市化进程的不断推进，差距进一步扩大，地域造成土地价格差距更加明显。用统一的补贴政策使集体经济薄弱的远郊村庄难以承受村集体承担的部分补贴，而集体经济基础好的城郊村庄甚至可以承担除政府统一补贴30%以外的全部费用。政府统一补贴标准没有充分考虑上述客观存在的差异，有一定的局限性，有待于在实施过程中进一步完善。因此提出如下两个建议：

第一，按地域和人均耕地面积确定合理系数划分政府补贴比例。一般来说，地域区位优越的乡或村，其人均占有耕地面积相对比偏远的乡或村要少，因此当区县划分出若干分地级等次基础，结合人均地积占有量、集体经济状况等因素，用系数的办法来确定各自的政府补贴比例。这种方法既考虑到地域优势好的状况，也弥补了地域优势好所存在的人均耕地占有量少的不足。

第二，按年龄段划分政府补贴比例。按年龄段来划分政府补贴的比例，有利于保护"4050"以上的弱势群体。这部分群体在土地上劳作了大半辈子，现在土地因经济建设和城市化推进被征，一辈子以耕作为生的农民突然要面临竞争激烈的市场经济显然处于劣势，因此政府补贴要向"4050"以上人群倾斜，保护他们的根本利益不受侵害，切实解除他们的后顾之忧，减轻他们的经济负担，这也可以说是政府对他们在计划经济年代劳动价值的一种补偿。

二、构建失地农民社会保障体系

由于失地农民在城市化进程中面临着很大的社会风险，应扩大其保障面，建立失地农民社会保障体系，以免因病致贫等现象产生。

社会保障制度是一个国家或社区为改善和提高成员的物质和精神生活水平而提供的社会服务及其措施，是社会文明和进步的重要标志。

长期以来，我国城市实行的是高补贴、高就业的社会保障制度，即有了城市户口就可享有就业机会及养老、医疗等一系列社会保险与粮食、副食品、住房等补贴。而农村实行的是以群众互助和国家救济为主体的社会保障制度，其保障水平明显低于城市。改革开放后，我国农村开始实行家庭联产承包责任制，在土地福利性均分的原则下，把土地作为保障农民基本生活需要的主要手段，并通过土地政策努力协调公平与效率的关系。土地的福利绩效足以抵消其效率损失，从而为家庭经济的发展及其保障功能奠定了基础，为农民的土地保障和家庭保障提供了制度安排。

然而，在城市化进程中，农村集体土地将大量被征用，大量农民将成为失地农民，并且将生活在相对陌生的城市里。要由农村意识转化为城市意识，由农民的生活、生产方式和行为转化为市民的生活、生产方式和行为，需要一个较长的磨合期和适应期（陈德伟、金岳芳，2002）。在这一期间，失地农民由于对城市生活的不适应，大都会表现出对生活前景的彷徨、焦虑，甚至失去信心。同时，由于农民失去了土地这一生产资料，解决今后的生存、发展问题将成为矛盾的焦点，其结果必然会影响到社会的安定和发展。

土地是农民工作和生活的重要场所和生存基础。拥有土地是农民与社会其他人群相区别的一个重要特征，也是农村家庭的核心秉性。由于农民拥有稳定的土地使用权，来自于土地的收入成为农民最基本、最可靠的收入来源，是家庭保障最基本的经济基础，也是农民最后的一道生活安全保障。

土地对农民的社会保障功能可归纳为以下6个方面：①土地为农民提供基本的生活保障。②土地为农民提供就业机会。③土地为农民的后代提供土地继承权。④土地对农民有资产的增值功效。⑤土地对农民有直接收益功效。⑥免得重新获取时掏大笔费用的效用。

农民因征地而失去土地的社会保障权利后，尽管国家按《土地管理法》给予了征地安置补偿费，然而现行的补偿标准过低，且采用单一的货币安置方式，而对失地农民的居住安顿、重新就业、生活观念和生活习惯转变等问题，却未予考虑。从公平角度看，理应由国家给予失地农民保障补偿。由于我国农民缺少受教育和培训的机会，文化素质和知识技能低下，失去土地后，他们在社会上的竞争能力十分有限。而由农村意识转化为城市意识，由农民的生活、生产方式和行为转化为市民的生活、生产方式和行为，如前文所述，需要一个较长的磨合期和适应期，他们面临着各种风险。从社会正义角度看，国家理应给这一弱势群体提供社会保障。

社会保障是一个庞大的体系，它包括资金来源、运行机制、模式类型、内容构成等方面。由于失地农民的特殊性，其社会保障不同于一般城市居民的社会保障，图6-2给出了失地农民社会保障体系的总体框架。

第六章 征地管制的政策供给与制度安排

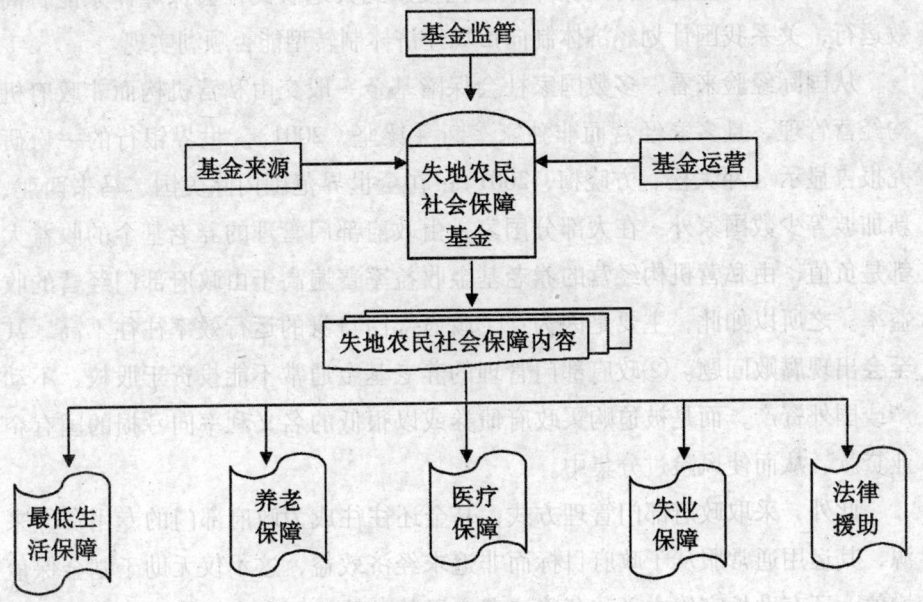

图6-2 失地农民社会保障体系的总体框架

（一）失地农民社会保障基金的来源

设立社会保障基金是各国社会保障制度的通行做法，设立失地农民社会保障基金有助于降低他们面临的风险，促进社会稳定发展。但是我国目前还处于社会主义初级阶段，经济发展水平低，资本短缺，由国家财政全部负担失地农民社会保障是不现实的。那么如何解决失地农民社会保障基金的来源便是问题的关键。

本书认为，征地中土地补偿安置费以及土地转用后的增值收益是失地农民社会保障基金的主要来源。此外，失地农民社会保障基金的可能来源还有中央政府和地方政府的财政拨款、失地农民社会保障基金运营收入以及慈善机构的捐赠等。

（二）社会保障基金的运营

失地农民社会保障基金能否高效运营、保值增值，不仅关系到广大被保障对象的切身利益能否得到保障,而且关系到失地农民社会保障体系能否高效运行,关系我国计划经济体制向市场经济体制转型能否顺利实现。

从国际经验来看,多数国家社会保障基金一般交由私营机构而非政府机构经营管理,且多家经营而非独家垄断(梁坚,2001)。世界银行的一份研究报告显示(邓大松、方晓梅,2001):在全世界范围内除美国、马来西亚、新加坡等少数国家外,在大部分国家,由政府部门管理的养老基金的收益大都是负值,由私营机构经营的养老基金收益率普遍高于由政府部门经营的收益率。之所以如此,主要是因为:①政府部门自身的运行效率往往不高,甚至会出现腐败问题。②政府部门管理的养老基金通常不能投资于股权、不动产或国外资产,而是被迫购买政府债券或以很低的名义利率向亏损的国有企业贷款,从而使风险过分集中。

此外,采取政府部门管理方式,基金还往往成为政府部门的专用资金来源,其运用通常服从于政府目标而非追求经济效益,这不仅无助于基金保值增值,还有助长官僚主义和奢侈浪费之风的危险。而私人机构则以追求最高的投资收益率为根本目标。

将社会保障基金交由私营机构管理,这种基金经营方式很值得我们借鉴。失地农民社会保障体系设计也必须考虑基金投资运营问题,确保未来有足够的支付能力。当然,我们未必要像智利等国家那样全部交由私营机构经营管理,可以交由银行和非银行金融机构经营管理,并引入竞争机制,以促进基金的保值增值。

要保证失地农民社会保障基金的顺利保值增值,就必须实现投资方式多样化,应适当涉足实物投资、银行存款、国债及其他各种债券、股票、投资基金、抵押贷款、外汇、期货和国际投资等,在确保安全性的前提下,充分体现基金的收益性。但是这些投资领域的风险和收益具有很强的正相关关系,必须加强投资的风险管理。

基金投资的风险管理的工作可分为两个阶段:投资前的风险管理和投资中的风险管理。投资前的风险管理即失地农民社会保障基金进入具体投资运作前的风险管理,主要由信托公司及其聘用的投资顾问公司来完成;投资中的风险管理即失地农民社会保障基金在具体的投资运作过程中的风险管理,主要由投资机构来完成。投资前的风险管理主要包括：对投资市场和投资工具的风险和收益进行评估，在国家规定的投资比例限制下，确定最为合理的投资组合；通过招标投标方式选择合适的投资执行公司，以确保管理风险最小。投资中的风险管理主要包括：根据信托公司规定的投资组合比例和方向，确定更为具体的投资组合；对风险进行严密监控，并随时调整投资组合；对于自身难以规避的风险应及时向信托公司汇报，以便信托公司迅速作出反应等。

（三）社会保障基金的监管

智利等国家的成功经验表明，基金交由专门的机构经营管理并期望取得很好的成效，离不开严格的监管。因为社会保障基金的投资运营毕竟不能等同于一般的商业行为，它事关国家的发展大计和无数农民的利益。缺乏严格有效的监管，基金投资运营注定难以成功。近年来，我国一些地方的社会保险局非法挪用社会保险基金建造大楼、购置小车甚至基金被侵吞等严重事件时有发生，善良的百姓对那些肆无忌惮的"官仓硕鼠"深恶痛绝（李治贤，2001）。这种现象的产生原因关键是监管体系不健全，监管手段和力度不够。

失地农民社会保障体系的运行，必须汲取经验教训，加强基金的监管。首先必须有明确的法律体系，依法监管。因此，需要尽快建立健全社会保障领域的法律法规体系，刻不容缓。其次，必须有依法被赋予监督职责的监督主体，借鉴智利等国的经验，失地农民社会保障基金管理机构与经营机构必须分开设置，前者负责对后者的监管和对社会保障市场的调控，后者负责基金的筹集、投资运营和保险金的发放等，并保证监管机构的权威性、公正性、科学性和独立性。

对失地农民社会保障基金经营管理机构的监管，重点应集中于金融、财务和业务方面，督促经营机构建立完善的管理规章。为防止舞弊行为，要建立市场准入制度，规定基金经营管理机构的最低法定准备金和相应责任，建立财务公开、信用和绩效评级制度以及严格的经济处罚制度。

图6-3给出了失地农民社会保障基金监管的一个模式。在该模式中，失地农民社会保障管理部门承担对保管银行、投资机构、信托公司、失地农民

档案管理等总体管理工作,如制定严格的、具体的监督规则,定期考核这些机构的风险管理水平和绩效等。但失地农民社会保障基金不能由社保机构部门单独控制,应该由信托公司来管理,而信托公司只能把钱存放在保管银行中,然后社会保障管理部门将失地农民的档案反馈给投资机构,由投资机构做出投资决策。投资机构做出决定后,信托公司才通知保管银行拨钱给投资机构。这样,就可以形成一个严密的监督机制。

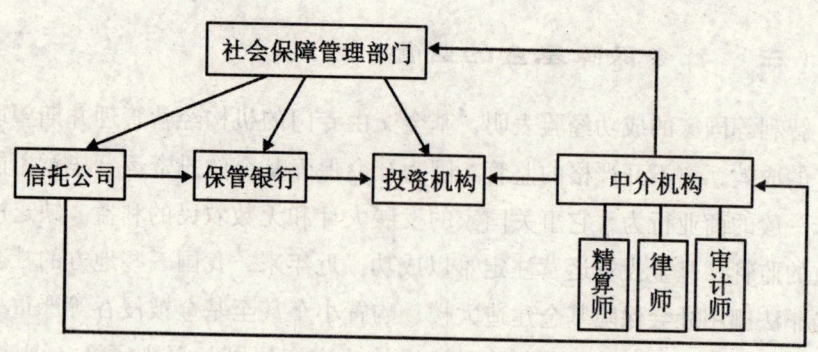

图6-3 失地农民社会保障基金监管模式

目前,失地农民社会保障管理部门可在县级社会保障管理部门设立,以县级为单位建立失地农民社会保障基金。待条件成熟时,在全国联营失地农民社会保障基金,促进基金更好地保值增值。应当指出,失地农民社会保障最终应纳入全社会一致的社会保障体系之中,这是社会正义的要求。

(四) 失地农民社会保障的内容

1. 失地农民最低生活保障

失地农民既有别于农民,又不同于城市居民,成为一个边缘群体。他们既不享有土地的保障,也不享有同城市居民一样的社会保障。最低生活保障是国民应该享有的基本权利,因此必须重视失地农民最低生活保障的建立。2001年10月1日正式实施的《浙江省最低生活保障办法》规定了城乡一体化的最低生活保障制度,这为建立失地农民最低生活保障提供了制度上的借鉴。

2. 失地农民的养老保障

由于劳动能力下降或基本丧失，老年人不再具有收入来源或收入明显减少，而表现为消费远大于产出。可见养老风险是客观存在的，每一个活着的人都将面对。失地农民目前的养老方式主要依靠传统的家庭养老模式。这种以约定俗成的规则，依赖子女供给的养老模式，总是具有一定的风险。失地农民由于文化素质较低，面临很大的失业风险，这又冲击着传统的家庭养老模式。农民的养老问题历来是农民最关心的问题之一，尤其当农民失去土地之后。因此，失地农民养老保障制度的建立，将对社会稳定、计划生育基本国策的推行起到积极的作用。

3. 失地农民的医疗保障

如前所述，医学科技水平的进步，提高了医疗服务水平，但在保障和提高居民健康水平的同时，医疗费用大幅攀升，尤其是大病。高额的医疗费用支出，对失地农民而言，显然有巨大的压力。因此，医疗保障也是失地农民社会保障的一个基本面。

4. 失地农民的失业保障

对农民来说，失去土地就是失去生产资料，就是下岗失业。政府应对劳动年龄段内的适龄失地农民进行失业登记。由于被征地农民失业的即时性和集中性，在对被征地农民征地之时就将其纳入失业保险，并开始按月享受失业保险金，会加重政府的财政负担。故政府应建立一个失业保险的过渡期，这个过渡期应控制在以征地事实发生后两年为界。被征地人员中的劳动年龄段内的适龄人员到两年期满后，因其原因仍未参加工作或参加工作后又失业的依法按月领取失业保险金。依法按月领取失业保险金期满后仍未就业的，生活无来源家庭经济又确实困难的将其纳入城市最低生活保障线。

5. 为失地农民提供法律援助

如前所述，失地农民是一个社会弱势群体，当他们的权利受到侵害时，他们往往没有能力支付因启动并进而运用行政救济途径所需的各种成本（包括金钱、时间、精力、相关法律知识等）。"法律面前人人平等"的宪法原则首先要求所有公民一律平等地站在法律面前，即公民接近法律的能力不应受到其他条件尤其是经济状况的影响。"物质财富的拥有，可以有先后之分；司法正义的获得，不能有先后之别！"这就要求建立社会保障体系时必须为失地农民提供法律援助。法律援助是社会弱势群体接近法律、实现其行政救济权的重要保障（黄天柱，2002），它可以通过提供法律帮助的形式以确保失地农民在其合法权益遭到侵害时具有平等的接近法律寻求保护的能力。

建立失地农民社会保障体系，既可使他们获得基本的生存权与发展权，又可促进社会稳定发展。失地农民社会保障制度应是一种能与城镇职工社会保障制度相衔接、可接轨的保障制度，以逐步实现城乡统一的社会保障体系。

但是，在强调建立失地农民社会保障的同时，我们不能忽视家庭保障的作用。我国是世界四大文明古国之一，是一个具有悠久历史的儒教文化和佛教文化的国家，社会的基本经济单位由家庭组成。千百年来，家庭血缘关系和经济关系结合在一起。家庭成员的生、老、病、死问题由家庭解决，家庭关系比西方国家稳定得多。家庭成员相互提供生活保障，是我们中华民族的优良传统，特别是在广大农村，哺幼赡老作为中国家庭的基本功能，早在千百年前就已经上升到社会伦理道德和法律规范的高度。因此，建立失地农民社会保障体系时不可忽略家庭的社会保障功能，要避免出现存在于美国等西方国家的悲剧：国家实现了现代化，却破坏了家庭及其成员之间的亲密关系。

三、建立失地农民教育培训制度

从理论研究和实践措施来看，现有解决失地农民问题的思路主要集中于补偿和保障上。然而，对失地农民进行补偿和保障只能解决失地农民的最基本生存问题。而农民一旦失去土地后所面临的贫困风险和损失是多方面的，如经济、社会、文化、资本、机会、权利等（刘金荣，2004）。因此，简单的补偿和保障不能保护失地农民多方面受损的权益，我们无法想象大批失地农民靠最低生活保障而生活。要从根本上解决失地农民问题，应转变思路，从保障生存转向促进发展（郑风田、孙谨，2006）。只有给失地农民提供一种发展机会，维护失地农民的发展权才能更好地解决问题。

从国际经验来看，采取教育培训措施是弱势群体摆脱弱势地位进而走上发展之路的有效做法。从 20 世纪 60 年代开始，美国颁布了许多关于职业培训和职业教育的法令（Cledy. M. Perry，2002）。通过职业培训，提高了劳动者素质，有利于劳动者就业，而且在一定程度上缓解了失业问题（吴岩，2005）。目前，美国、日本以及欧洲发达国家又将创业培训推广到弱势群体和失业群体，并制定了较为完善的创业支持体系（Maria Kontos，2003），促进了弱势群体的发展。

借鉴国际经验，教育培训措施可能成为解决失地农民问题的新思路。目前，我国各地针对失地农民的技能培训也在零星地开展，并取得了一定的效果。但从实地调查来看，现有的技能培训存在着以下不足之处：

（1）失地农民培训缺乏规划，管理体制不顺。
（2）培训经费来源有限，监管、使用不合理。
（3）培训内容和手段单一，培训效果不佳等。

而且，由于失地农民群体的独特性，对其教育培训不同于企业职工等成人群体的继续教育，更不同于技校学生的学历教育，因而亟须开展失地农民教育培训体系及政策支持系统研究，以建立失地农民内在的保障生存与发展的动力机制，使其尽快适应角色转换，从心理、生活以及生产等方面全方位融入城市社会，促进社会的和谐与发展。

失地农民教育培训主要包括职业技能培训和角色转换教育。职业技能培训的形式可以根据失地农民自身的实际需要选择短期职业技能培训或国家职业技术教育培训。培训的内容以政府职能部门根据市场就业需求信息预测设置若干培训种类为主，也可以根据失地农民的爱好、兴趣、特长开办培训种类为辅的办法，25 周岁以下的失地农民文化程度相对较高，家庭经济条件允许的可以鼓励他们参加国家职业技术教育培训或学历教育的学习；26~35 周岁有一定文化程度和有经营头脑的可以举办各类创业培训，经营知识、经营技巧的培训。鼓励他们开店、办厂、创业，这样可以吸纳同伴、同村失地人员就业，开发更多适合自己同胞的岗位，缓解他们就业难的问题。一般人员以岗位技能培训为主，使他们通过培训后有一技之长，能够在激烈的劳务竞争中找到自己合适的生存空间。36 周岁以上的失地农民原来都是农村种、养殖的主力军，他们有一定的种、养殖经验和优势，又有肯干、肯吃苦耐劳的精神，对这个年龄段的人应该鼓励他们到异乡继续发挥自己的特长，搞租赁，承包种、养殖业和农业产业化经营。政府职能部门针对这个年龄段的应该开办农艺、园艺、兽医类及农业产业化经营知识的培训班，提高他们的农技水平和农业产业化经营水平。

除了职业技能教育，还要重视角色转换教育。角色转换教育不同于劳动技能培训，后者侧重于教技术，前者强调更新观念。从一定意义上讲，更新观念，比学技术更为重要，更为紧迫。角色转换教育的出发点，就是要让失去土地而离开农业的农民，尽可能快地融入都市生活。"角色转换教育"的内容主要应包括4个方面：

其一，心理调适。旨在消解农民因失去土地而引发的失落感、震荡感和强烈的无所适从感，调动起他们的再就业、再创业的热情和信心，消除其对城市化的排斥或抵触情绪。

其二，转变更新观念。使失地农民树立起市场经济观念、法治观念和学习观念，努力使失地农民的精神境界能与城市主流社会的价值观和思想理念相合拍。

其三，转变生活方式，培养文明的生活习惯。应当承认，农民勤劳、朴实、憨厚是其长处，但局限于他们特定的生产生活条件和文化环境的熏染，还存在着一定落后、保守、褊狭、粗俗甚至愚昧的一面，这些在不经意中就会从他们习以为常的生活方式和生活习惯中表现出来。而城市化的一项重要任务，就是使现代城市文明或"城市因素"向农村地区及广大农民中渗透和扩散。

其四，鼓励适度休闲。问起农民的休闲，在农村几乎没有人知道。现代农村社会的休闲仍然和工业文明之前的农耕时代相类似，工作和休闲是浑然一体的。大多数农民没有上班和下班、工作日和休息日的区分，除了吃饭、睡眠和休息之外，他们把所有的时间都投入到劳动中去。失地农民市民化后，空闲时间将会增加，如果没有正确的休闲方式为引导，他们也许将用泡赌场、打麻将的方式打发空闲时光。这类活动不需要学习，不必掌握技巧就能直接带给人快感，但却无助于身心健康。参与这类休闲活动不能使农民生活质量得以提高，而是耗费了宝贵的空闲时间。因此，要引导失地农民选择学习、旅游、艺术欣赏、科技活动和体育运动等健康的休闲方式,这将有助于提高失地农民的文化素质,推动精神文明的建设(李继峰,2005;韩俊,2005)。

失地农民教育培训制度的建立,离不开政策的支持,政策支持是失地农民教育培训成功实施的重要保障。本书建议整合相关教育政策、财政政策、土地政策以及税收政策等,以形成完整的失地农民教育培训制度政策支持体系。

四、设立征地纠纷的听证评议制度

目前,失地农民大量越级上访,一个重要的原因就是政府没有建立起征地纠纷的仲裁机制。《国务院关于深化改革严格土地管理的决定》要求:"要加快建立和完善征地补偿安置的协调和裁决机制,维护被征地农民的和用地者的合法权益。"征地纠纷的仲裁制度应该成为征地制度的重要组成部分。《土地管理法实施条例》第二十五条规定:"对补偿标准有争议的,由县级以上地方人民政府协调;协调不成的,由批准用地的人民政府裁决。"由于征地的审批权目前都在省级政府和国务院,那么若按照这一规定,很多征地纠纷都需要省级政府和国务院来裁决,这也是客观上造成农民越级上访的一个重要因素。在现有法规和政策框架下,在县市和县市以下建立征地纠纷的仲裁机构存在较大困难,建议首先在听证的基础上,建立征地纠纷的评议制度。具体思路如下:由人民代表、有关专家学者、村庄贤达人士等组成一个非官方的评议团,在国土资源部门组织听证的基础上,针对征地中的重大问题及时进行评议,评议结果作为征地补偿和安置的重要依据。建立征地纠纷的听证评议制度有助于尊重农民的话语权,给农民和农村集体经济组织表达意见提供一个平台,给农民和政府提供一个缓冲的平台,缓解征地中农民和政府的直接对立。

第三节 对征地"管制者"的管制政策供给与制度安排

一、理顺地方政府与国土资源管理部门的关系

我国在改革开放之后,为发挥地方能动性,从经济领域开始,将中央的权力下放地方。地方政府的财权、事权甚至某些"特权"明显扩张。权力的赋予促进了地方经济的发展,地方经济实力的增强又反过来巩固了地方的权力,削弱了中央对地方的控制力度。另外,地方权力的局部性、短视性、狭隘性等先天不足,导致地方保护主义盛行。

在这种大背景下,垂直管理开始出现,并且力度不断得到加强。从传统的海关、安全机关等部门扩展到地税、环保等归地方管理的部门。2004年,国土资源管理部门实施省以下垂直管理。

中央政府实施国土资源垂直管理有助于破除地方保护主义,保证政令的通畅;有助于避免地方政府的干扰,实现土地资源的优化配置,保证国家整体利益受到最大限度的保护。但"条块"矛盾也随着国土资源垂直管理日益增多。

首先,国土资源管理部门不可能完全摆脱地方政府的干扰,它们与当地政府存在诸多利害关系,容易受当地政府影响。

其次,国土资源垂直管理会削弱地方政府职能,损害地方的能动性。垂直管理部门凭借自身的优势地位不一定会配合地方政府的工作,而地方政府也会做出消极回应,推诿其应该配合垂直管理部门的工作。容易出现各自为政、相互推诿的现象。特别在行政执法综合性越来越强的今天,"条块"紧张关系带来的弊端更加明显。

因此,理顺和规范地方政府与国土资源管理部门的关系显得十分重要。规范国土资源垂直管理部门和地方政府关系须遵循以下几个原则(熊文钊、

曹旭东，2007）：

一是宪政原则。任何规范垂直管理部门和地方政府关系的法律都要在宪法的框架内展开，不能走出宪法框架，偏离了宪法的轨道。宪法的一个重要功能就是配置国家权力，宪法第三条第四款规定："中央和地方的国家机构职权的划分，遵循在中央统一领导下，充分发挥地方的主动性、积极性的原则。"

二是法制原则。法治的前提是法制的健全，没有健全的法制，法治无从谈起。我们需要根据宪法制定完善的规范国土资源管理部门和地方政府关系的法律，来规范权力划分问题。

二、建立对"管制者"的监督体系

为了保证管制机构独立公正地行使管制职能，必须加强对管制机构的监督。对"管制者"的监督体系，包括内部监督与外部监督。

（一）内部监督体系

首先，建立透明开放的政府管制程序是对管制机构进行有效监督的前提。透明性要求管制机构的管制依据、管制过程和管制结果必须对公众公开，接受公众监督。为了保证透明度，应建立和完善管制机构征地信息公开制度，除有法定不公开事由外，管制机构的所有政府信息均应向公众公开，公众可以通过互联网、查阅公报或申请等形式，获得征地相关信息。

其次，在行政程序中引入听证。征地中任何管制政策都是政府、管制机构、农民各方利益相互博弈的结果。因此，管制政策制定过程中，必须吸收农民、农民组织等各方利益集团的参与。通过听证会这种方式，各利益相关者集团的代表可以阐述自己对相关决策的观点，从而保证管制机构可以听取各方的意见，以实现管制政策制定的公开、公正和公平等。

（二）外部监督体系

首先，建立约束管制机构的法律，强化责任追究机制。权力和责任应该是对等的，管制机构不能只享有权力而不承担责任。政府作为公共权力的行使者，必须对社会公众负责。如果公共权力的行使缺乏有效的责任制约机制，其导致的结果往往与政府的公共角色背道而驰。为此，应建立一种新型的、以结果为导向的责任机制，即要求管制部门的行政人员不仅要对其征地行为的过程负责，更要对其行为的结果负责，从而避免"逃避责任"现象的出现。这种新型责任机制的实施，把行政人员的责任与其行为的结果直接联系起来，在最大程度上保证了政府管制职能的履行。

其次，加强司法监督体系，建立有效的争端解决机制。被征地农民在认为监管机构的政策违反了法律，自己的利益受到损失的时候，可以对管制机构的决议和政策提出自己的质疑，并且对管制机构提起诉讼。即管制机构在行使其行政权力的过程中可能出现的任何违法行为都将受到司法审查。

再次，完善土地督察制度。目前，土地督察部门主要负责监督地方政府对耕地保护责任目标的落实情况，贯彻中央关于运用土地政策参与宏观调控要求情况、土地执法情况以及开展土地管理的调查研究，提出加强土地管理的政策建议等。但它不具有直接查处案件的职能，还不是一个独立的监管机构。要使土地督察部门对地方政府真正起到威慑作用，必须完善土地督察制度，使土地督察部门成为一个独立的监管机构。

最后，健全社会监督体系。公众参与是保证管制机构独立性的一个重要方面。因此，政府应提倡新闻媒体和民间组织对管制机构进行监督，调动农民和农民组织运用法律武器维护自身利益的主体意识。只有当社会监督体系完善了，才有能力制约、监督政府管制行为，也才能够实现政府管制的规范化管理。

第四节 征地管制的趋势与展望

一、公共领域治理机制的多元化趋势

根据产权理论，由于产权没有清晰界定，会产生外部性等市场失灵现象，

进而产生公共领域及其租金消散。政府管制因公共领域及其租金消散的产生而存在，但市场失灵并不一定需要政府管制。因为对市场失灵进行矫正的方式是多种多样的，不仅有政府力量，还有非政府力量。对于市场失灵问题的治理并不存在"一刀切"的最优治理方式，不同的市场失灵问题可能需要不同的治理机制来纠正。

由于我国的法治还不健全，公民社会的发育十分缓慢，所以在现阶段征地中公共领域的治理主要还是依靠政府管制，理论研究基本上也着眼于以政府为主导解决征地问题，而对农民和农民组织参与解决征地问题的研究相对比较缺乏。

事实上，农民和农民组织参与解决征地等公共决策具有积极的作用。西方不同领域的学者对此都给予了肯定：

(1) 政治学家，如杜鲁门（1951）将全国农场协会、农民合作协会等利益集团视为政治过程的重要工具。

(2) 经济学家，如奥尔森（1965）从集体行动的逻辑角度肯定了美国农场协会组织对美国农业政策的积极作用。

(3) 土地研究者，如 Fred G. Esposto（1996）建立了土地公共选择模型，得出土地所有者联合诉讼会减少政府的征地规模，利于优化征地量。

我国农民和农民组织参与解决征地问题，是近年来在实践中出现的新现象，还未引起我国学者广泛的研究兴趣。随着改革的深入，我国农民组织化程度逐渐提高，建立了具有业缘性质的专业合作组织和地缘性质的村民自治组织等。但是，专业合作组织的作用仅限于为农民提供信息、产品销售等经济领域的服务；村民自治组织则处于"政府职能代表"和"村民自治代表"的角色冲突中（廖小军，2005），运行过程中严重"行政化"，背离了应有的"草根性"（于建嵘，2003），难以为农民提供政策和法律帮助。

组织资源的匮乏使得我国农民在征地过程与各利益集团的博弈中处于弱势地位，权益时常受侵犯，社会矛盾激化，自杀、示威等过激事件频发。在日益激烈的征地矛盾中，视土地为命根子的农民群众在屡屡上访无果的情况下，开始由松散上访走向联合（王国林，2006），通过推举护地代表，成立护地组织维护自身权益。这可能是缓解征地矛盾的一条可行途径。

除了政府管制和公民社会治理，征地中公共领域的治理方式还包括法院诉讼，前提是司法独立于政府。如果司法部门受政府干涉，则法院治理就类似于政府管制。

总之，征地中公共领域治理机制正朝多元化趋势发展。政府管制、公民社会治理以及法院诉讼等治理方式相互补充、相互制衡（它们之间的关系见图6-4），必将推动征地中公共领域的治理和租金消散的减少。

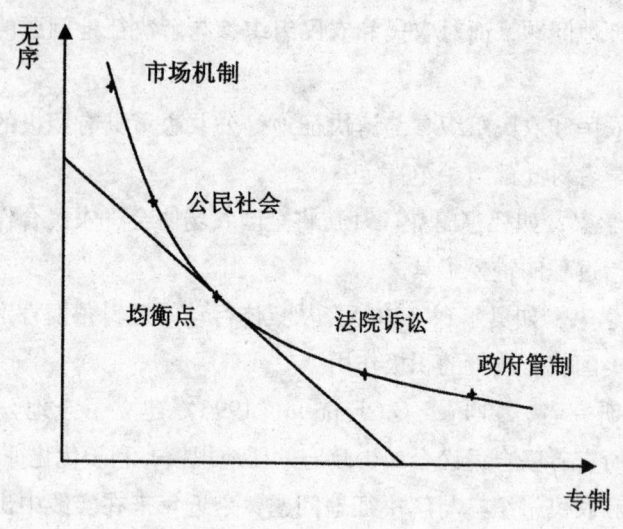

图6-4　政府管制、公民社会治理以及法院诉讼之间的关系

二、征地管制的一体化趋势

改革开放以来，随着市场经济体制的建立与完善，逐渐打破城乡分割局面，人口、资本和技术等冲破了原先计划制度的束缚，流动和重组大大加速，但农村土地的流转，还保留在国家征地的制度框架内，而且征地补偿标准与土地批租市场的价格相去甚远，农用地转为建设用地后的土地增值基本被各级政府占有了。这一模式，有利于低成本的城市化，使得土地等资源不断向城市积聚和集中，却在利益分配方面烙下了"城乡二元"的痕迹。与城市土

地使用者分享土地增值的情形相比，农民获得的仅是微薄的征地补偿费，难以凭借土地财产性收入进而分享城市化和工业化成果。

2007年召开的党的十七大为土地等财产的初次分配指明了方向。十七大首次提出，在初次收入分配中要实现公平与效率的统一，强调初次分配中体现公平，遏制贫富差距，并创造条件让更多群众拥有财产性收入。财产性收入是指家庭拥有的动产（如银行存款、有价证券等）、不动产（如房屋、车辆、土地、收藏品等）所获得的收入。因此，要统筹城乡发展，必须在土地利益的分配上消除"城乡二元"的痕迹，统筹城乡土地转用增值利益，让农民群众拥有土地财产性收入，努力减少城乡利益冲突并增加利益互补是十七大报告的精神之一。城乡统筹、城乡一体化是征地政府管制体制改革的一个方向。

三、征地管制的社会化趋势

任何一个国家的政府管制实践都受特定的历史条件制约，随着一系列主客观因素的变化，必然要求对原有的政府管制体制进行改革，以适应社会生产力发展的需要（王俊豪，2004）。20世纪80年代以来，放松经济性管制，加强社会性管制已成为一种世界潮流。

通过对我国征地制度改革的回顾，我们发现征地中的政府管制实践也已出现放松经济性管制而加强社会性管制的趋势。

建国以来，政府在征地价格管制实践中，并没有按照经济原理，而是在很大程度上出于政治考虑确定征地管制价格的。其主要原因在于：在计划经济时代，当时实行重工业优先发展的赶超战略。由于当时资本稀缺的资源禀赋状况与重工业资本密集的特征相矛盾，政府便人为压低利率、汇率、工资、生活必需品、能源和原材料价格，以扭曲的要素价格通过计划手段推动重工业优先发展（林毅夫，1994），征地价格自然也被人为压低。

随着改革开放和市场经济的建立，政府对生产要素的经济管制逐渐放开，而对土地要素价格管制的放松则显得十分缓慢，但近期对农地价格管制的轨迹正在向松动"农地农用"制度的方向发展。2004年10月21日，国务院下发的《关于深化改革严格土地管理的决定》、国土资源部出台的《关于完善征地补偿安置制度的指导意见》以及《关于开展征地统一年产值标准和征地区片综合地价工作的通知》等配套政策，对征地的价格管制有所放松，明确规定了土地补偿费和安置补助费的总额可以超过新《土地管理法》规定的30倍，不足部分由当地政府从国有土地有偿使用收入中解决。2006年国土资源部《关于坚持依法依规管理集约用地，支持社会主义新农村建设的通知》（52号文件），提出的城镇建设用地的增加和农村建设用地减少挂钩；农村建设用地直接进入市场流通两个试点，标志着农村建设用地已经成为土地流转的主体内容。2006年中共中央、国务院《关于推进社会主义新农村建设的若干意见》（中发〔2006〕1号文件），提出"加快建立以工促农、以城带乡的长效机制"、"坚持'多予少取放活'的方针"、健全土地承包经营权流转机制。2007年中共中央、国务院《关于积极发展现代农业扎实推进社会主义新农村建设的若干意见》（中发〔2007〕1号文件），提出以遵循平等协商、依法、自愿、有偿基本原则，坚持保障农民土地权益和发展农民利益作为衡量土地流转成败的最重要标准。2007年中央又批准成都、重庆进行城乡统筹改革试验，再次提出土地流转问题。

同时，上述政策以及国务院办公厅转发劳动保障部《关于做好被征地农民就业培训和社会保障工作的指导意见》和国土资源部、国家发改委制定的《限制用地项目目录》和《禁止用地项目目录》等开始重视征地中的社会性管制，提出建立被征地农民的就业培训和社会保障制度，并开始实践征地中的环境管制。更多地在征地中遵循经济原理，引入市场机制，进一步放松征地价格管制，加强征地中的社会性管制，确保社会和谐发展是未来政府管制的一个重要趋势。

四、征地管制的绩效化趋势

政府管制是一种有效的政府治理工具，在社会、经济诸领域得到广泛的应用。但政府管制并非政府管理公共事务的万能工具，管制本身也给管制者与被管制者带来巨大的成本。绩效基础管制是20世纪六七十年代以来西方政府管制改革过程中产生并得到最广泛应用的新型政府管制措施之一，绩效基础管制的特性表现为绩效的基础性地位、高度弹性、结果导向和激励性强4个方面（毛飞，2003）。与传统的政府管制相比，绩效基础管制具有降低成本、刺激创新与活化市场的优越性。

我国对土地要素一直采取政府直接控制的政府管制体制，其主要特征是：城市土地属于国家所有，农村土地属于农民集体所有；任何单位和个人进行建设，需要使用土地的，必须依法申请使用国有土地[①]，而要使用原属于农民集体所有的土地则必须通过国家征地环节。因此，不管是公益项目，还是盈利项目都纳入了征地这一轨道。随着市场经济的建立，土地资产价值逐渐显化，管制"低价"征地，市场"高价"出让，地方政府以农民之地生财，构筑了光鲜亮丽的城市环境，却带来了积重难返的"三农"问题。生活在这一政府管制体制下的农民，随着生活智慧的积累，逐渐开始抵制地方政府的"大规模圈地"，上访、上诉、游行示威乃至暴力冲突在征地过程中时有发生，征地的社会成本急剧上升。

在这一背景下，中央政府出台了整顿开发区、查处地方政府违法用地、放松征地价格管制、保障农民利益等相关政策，以降低征地的社会成本，提高征地管制的效率。

[①] 兴办乡镇企业和村民建设住宅经依法批准使用本集体经济组织农民集体所有的土地的，或者乡（镇）村公共设施和公益事业建设经依法批准使用农民集体所有的土地除外。

附录 境外征地的经验与借鉴

征地制度是世界上许多国家和地区广泛采用的一项土地管理制度，存在目的性、强制性和补偿性等共同点。但由于各国的国情不同，在征地范围、征地程序、征地内容、征地补偿原则、征地方式、增值分配以及纠纷解决机制等方面存在一定的差异。各国关于征地补偿的原则与标准各不相同，即使是同一国家，随着经济的发展，国家、社会的意识转变也有不同的规定。由于国外在征地过程中遇到的问题较我国早，并通过不断的发展而得以解决和完善，因此对我国现阶段征地制度改革具有借鉴意义。本附录以日本、英国、德国、加拿大等国家为例说明发达国家或地区是如何进行征地管制的，试图总结出有关经验供我国征地制度改革参考。

第一节 征地补偿的标准与范围

在征地补偿方面，国内外形成了既得权说、恩惠说、公用征收说、社会职务说、特别牺牲说5种补偿理论（陈泉生，1994）：

（1）既得权说。此说认为公民的既得权既然是合法取得的，就应当得到绝对的保障。即使是由公共利益的需要，使其遭受经济上的特别损失，也应当基于公平的原则给予补偿。此说是以自然法思想为基础，但它对于既得权以外的权利所受的侵害，未能完全说明补偿的理论依据。

（2）恩惠说。此说强调国家统治权与团体利益的优越性，主张绝对的国家权力，以及法律万能和公益至上。因此个人没有与国家相对抗的自由，甚至完全否认国家对私人提供损失补偿的必要。国家对个人的补偿则是一种恩惠。该学说颇具专制色彩,与当代自由、民主的价值取向矛盾。

(3) 公用征收说。此说认为国家法律固然有保障个人财产的一面,但也有授予国家征收、征用私人财产权力的另一面,对于因公共利益的需要而做的合法征收与征用,国家可以不承担法律责任,但是仍然应给予个人相当的补偿,以求公平合理。该学说较好地考虑了国家和个人的利益,比较适合在私人财产保护制度较完善的国家,有利于国家动用征收权以实现公共利益。

(4) 社会职务说。此说摒弃权利天赋观念,认为国家为了使各人尽其社会一分子的责任,首先应承认个人的权利,这是实现社会职务的手段,因为权利的本质具有义务性,人民的财产被征收、征用后,国家酌量给予补偿,才能使其社会职务得以继续履行。

(5) 特别牺牲说。该学说由19世纪末德国学者奥特·梅耶(Otto. Maye)提出。他认为,任何产权的行使都要受到一定内在的社会限制,这种内在的社会限制是所有公民都应平等地承受的一定负担,不需要补偿。只有当国家对财产的征收征用或限制超出这些内在限制,并将这种负担落到某个或某些公民头上,它就变成了一种特殊的牺牲。基于法的公平正义的精神,对这种特殊的牺牲必须进行补偿。换句话说,国家的合法征地行为对公民权利所造成的损失,与国家课以公民一般的负担(例如纳税及服兵役等)不同,是一种使无义务的特定人超出了行使所有权的内在社会限制的特别牺牲,这种特别牺牲应当由全体公民共同分担给其以补偿,才符合公平正义的精神。

上述5种学说中,特别牺牲说较有说服力,在实际中易为大家接受,所以成为征地补偿的通说。在我国,由于私有财产保护的不完善,以这种学说作为征地补偿的理论依据,也可促进私有财产的保护。

在征地补偿的各种学说,尤其是特别牺牲学说的影响下,各国征地补偿的措施趋向于合乎人道、公正、公平的原则,但鉴于各国对财产保护的内涵及因地制宜的措施不同,在补偿标准与原则方面发展了3种主要学说(李茂雄,2002):

(1) 完全补偿学说。完全补偿是指以被征者完全回复到与征前同一的生活状态所需要的代价为补偿标准,这种补偿不仅包括直接损失,如土地及土地改良物本身的损失,还包括因此而造成的间接损失,如期待利益的丧失、残余土地价值的减损、营业停止或缩小的损失、失业或转业的损失等,甚至还包括非经济上的损失,如新的生活环境的不适、精神上的痛苦等。目前发达国家的征用补偿以完全补偿居多。完全补偿主要是从"所有权神圣不可侵犯"的观念出发,认为征地是对所有权的侵犯,为矫正这一不平等的财产权侵害,应当给予完全的补偿,才符合公平正义的要求。

(2) 不完全补偿学说。根据不完全补偿的标准,补偿范围仅限于被征用的财产的价值;可以量化的财产上的损失、迁移损失、营业损失以及各种必要的费用等具有客观价值而又能举证的具体损失,也应当给予适当的补偿;难以量化的精神损失、生活权损失等个人主观价值损失,应当视为社会制约所导致的一般牺牲,个人有忍受的义务,不应给予补偿。不完全补偿主要是从"所有权的社会义务性"观念出发,认为产权因负有社会义务而不只有绝对性,由于公共利益的需要,可以依法加以限制。但征地已经超越了对财产权限制的范围,剥夺了公民的财产权,应依法给予合理补偿,否则财产权的保障将成为一纸空文。

(3) 相当补偿学说。相当补偿标准认为"特别牺牲"的标准是相对的、活动的,因此对于征地补偿应视情况不同采用完全补偿或不完全补偿的标准。一般情况下,本着宪法对财产权和平等原则的保障,特别的财产征用侵害,应给予完全补偿,但在特殊情况下,可以准许给予不完全补偿。例如对于特定财产所给予的一般性限制(其中包括对非国有空地及荒地的征用,以及对私有建筑用地超过最高面积限额的征用等),由于该限制财产权的内容在法律的权限之内,因此要求权利人接受低于客观价值的补偿,并没有违反平等原则的要求。

各国关于征地补偿的原则与标准各不相同,即使是同一国家,随着经济的发展,国家、社会的意识转变也有不同的规定。例如德国在第一次世界大战以前强调对财产权人的充分保障,因此在征收土地时采取了完全补偿的原则。在第二次世界大战后的国家重建时期,则采取不完全补偿法。到了经济复兴后,又回复采取完全补偿的原则。另如日本等国也大多经历了完全补偿—不完全补偿—相当补偿的阶段。但从世界整个发展趋势来看,对于国家合法行为所造成的损失,其补偿范围与标准都呈现出逐渐放宽的趋势,采用完全补偿的居多,以使人们所遭受的损失能得到更充分、更完全的补偿。

不论是完全补偿、相当补偿还是不完全补偿,很多国家的政府和法院在实践中倾向于采用政府征地时的土地市场价值进行征地补偿(Giammarino, Nosal, 1996; Nosal, 2001),很多经济学家和法学家也支持这一观点,例如 Fischel 和 Shapiro(1988)认为以市场价值对征地加以补偿可以提高经济效率,而以低于社会成本取得土地将会影响土地的优化配置。

下面以日本、英国、德国、加拿大等国家为例来说明发达国家或地区征地补偿费的构成(商春荣,1998;杨玲,2001;刘浩,2002)。

一、日本的征地补偿范围和标准

目前,日本的征地补偿是根据相当补偿的标准来确定的,但在大多数情况下以完全补偿标准确定土地补偿费。其土地补偿主要由以下几部分组成:

(1) 征地损失补偿。按被征财产正常的市场价格计价赔偿。

(2) 通损赔偿。对权利者因征地而可能受到的附带性损失进行补偿,包括对所征土地上的建筑物、设备、树木等固定在土地上的物体的搬迁费用的补偿,以及对搬迁建筑物时发生的其他费用损失和动产等搬迁费用的赔偿。另外,对被征者在收益上所受的损失也赔偿,包括歇业赔偿、停业赔偿、营业规模缩小赔偿以及农业赔偿和渔业赔偿。

(3) 少数残存者赔偿。对因征地使得人们脱离开生活共同体而造成的损失的赔偿。

(4) 离职者的赔偿。对土地权利人的雇用人员因土地被征而失业时发生的损失赔偿。

(5) 事业损失赔偿。对公共事业完成后造成的噪声、废气、水污染等损失的赔偿。

二、英国的征地补偿范围和标准

补偿范围包括:

(1) 土地（包括建筑物）的补偿。以公开市价给予补偿，并不得因征收征用而给予被征者救济或其他优惠。

(2) 残余地的分割或损害补偿。对由于征地而造成残余地的市场价格的贬值给予补偿。

(3) 租赁权损失补偿。补偿因契约未到期的价值及因征地而引起的损害。

(4) 迁移费、经营损失等干扰的补偿。

(5) 其他必要费用支出的补偿（如律师或专家的代理费用、权利维护费等）。

补偿标准是以被征用土地所有者在公开土地市场上能得到的出售价格为标准计算的，计算补偿价格的时期确定在征用者进入土地的日期。如果某些土地在征用之前因要转为公用事业开发地而造成地价上涨，原则上补偿价格不考虑。但某些合理的上涨可以考虑。

三、德国的征地补偿范围和标准

(1) 土地或其他标的物的权利损失补偿。以土地或其他标的物在征地机关裁定征地申请当日的移转价值或市场价值为标准进行补偿。

(2) 营业损失补偿（即原财产权人在职业、营业或履行其应负的任务所受的暂时或持续的损失）。以在其他土地投资可获得的同等收益为标准进行补偿。

(3) 征用标的物上的一切附带损失补偿。

四、加拿大的征地补偿范围和标准

(1) 被征部分的补偿。必须依据土地的最高和最佳用途，根据当时的市场价格补偿。

(2) 有害或不良影响补偿（如严重损害或灭失价值）。主要针对被征地块剩余的未征部分，因建设或公共工作对剩余部分土地造成的损害，可能还包括对个人或经营损失及其他相关损失的补偿。这种补偿不仅包括被征地，还包括受征地影响相邻地区的未征部分。

（3）干扰损失补偿。被征地所有者或承租人因为不动产全部或基本被征收或征用，因混乱而造成的成本或开支补偿。

（4）重新安置的困难补偿。

五、美国的征地补偿标准

美国通常将土地征用称为"最高土地权的行使"，即征地权是以国家主权为保证限制所有者权利的行政行为（李珍贵，2001）。《美国联邦土地政策管理法》规定，政府有权通过买卖、交换、捐赠或征用的方式获得各种土地或土地权益。同时，美国联邦宪法规定："非依正当法律程序，不得剥夺任何人的生命、自由或财产；每有合理补偿，不得征用私有财产供公共使用。"说明土地征用必须具有正当的法律程序、合理补偿以及公共使用才能行使。

根据美国财产法，合理补偿是指赔偿所有者财产的公平市场价格，包括财产的现有价值和财产未来赢利的折扣价格，如果因征地必须对土地所有者实行公正的补偿。通常土地征用补偿是根据征用前的市场价格计算的，它充分考虑了土地所有者的利益，不仅补偿被征土地现有的价值，而且充分考虑到土地可预期、可预见的未来价值。同时，也考虑了因征地而导致邻近土地所有者经营上的损失。如果土地所有者对补偿金额不满意时，还可继续提出要求，从而获得较为满意的价格。但若政府出于公共利益考虑，如果认为补偿金支付过多，也可要求法院裁决土地所有者退还部分补偿金。体现的征地价格不是以单方意志来确定的，征地双方均可依据法律程序提出自己的要求，最终取得双方都能承受的价格（龙翼飞、杨一介，2000）。

六、韩国的征地补偿标准

韩国的征地补偿范围包括：

（1）地价补偿。韩国地价补偿标准，自 1990 年 3 月 1 日《土地公概念法案》生效后，统一以公示地价为征收补偿标准。

（2）残余地的补偿。可分为两种：残余地价值降低或其他损失的补偿和因残余地需修筑道路、水沟、墙栅等设施或其他工程时，应予以补偿。

（3）迁移费用的补偿。为公共需要而征地，如土地有附着物，而又不是进行公益事业所必需的，则令其迁移，迁移所需费用由起业人予以补偿。为公共需要而征地，致使土地所有权人或关系人蒙受营业上的损失，如因建筑物的转移致使租赁方面有所损失时，也应予以补偿。

（4）其他因测量、调查而产生的损失，因事业的废止或变更而产生的损失，或残余土地以外土地整治费用的损失，都给予相当的补偿（陈婴虹，2004；许宝健，2006）。

七、巴西的征地补偿标准

根据巴西《宪法》第一百五十三条，为公共利益征用财产，必须由国家进行公平补偿。根据巴西1956年的《土地征用法》，征地补偿项目包括土地的原购置费用、土地的产出等，具体通过综合考虑以下项目评估补偿标准：

（1）土地的征税基础。
（2）土地的原购置费用。
（3）土地的产出。
（4）土地的维护状况。
（5）土地的位置。
（6）土地的投保价值。
（7）相邻土地在过去5年中的市场价值。
（8）如果仅征用部分土地，剩余土地价值的下降。

八、法国的征地补偿标准

被征土地市场价格，以最终裁决日一年前的土地用途为准确定地价，或以所有者纳税时的申报价格作为参考价格。

九、澳大利亚的征地补偿标准

补偿数额的确定要考虑土地征用当天的土地市场价值,除当天的土地市场价值外还考虑土地权利拥有者的当天个人财产价值等。

十、俄罗斯的征地补偿标准

补偿标准建立在"土地和位于其上的不动产的市价……以及由于征地造成所有人的所有损失,包括他应承担的、在合约到期之前的一段时间内给第三方造成的相关损失以及丧失的利益"的基础上,实际上可使所有人得到双倍的补偿。

十一、新加坡的征地补偿标准

征地补偿标准参考征地之日的市场价格。对于 1987 年 11 月 30 日以前征用的土地,其补偿费应考虑 1973 年 11 月 30 日该土地的价格。对于 1987 年 11 月 30 日以后征用的土地,其补偿费应考虑 1986 年 1 月 1 日该土地的价格。1995 年新加坡政府再次修改相关法律,征用土地的补偿标准按市场价格确定。

十二、印度的征地补偿标准

征地补偿标准的确定考虑以下因素:
(1) 土地被征用发布公告时的土地市场价值。
(2) 在土地被征用时对当事人土地上生长的庄稼和树木所造成的损失。
(3) 在土地被征用时对当事人其他土地所造成的损失。
(4) 在土地被征用时对当事人其他财产、动产和不动产所造成的损失。
(5) 对土地被征用,当事人被迫迁居别处或到其他地方经营所造成的损失。

（6）土地被征用公告发布之后到地税征收官正式征用土地期间对当事人所造成的土地收益损失。

十三、我国台湾地区的征地补偿标准

我国台湾地区的征地补偿包括：

（1）地价补偿。地价补偿方法标准不一，既可按法律定价，也可按市价确定。土地补偿金通常以现金支付，特定情况下也可搭发土地债券。

（2）地上改良物与土地一并征收的，对改良物的补偿。

（3）被征土地改良物由其所有权人自行迁移的，对迁移费用的补偿。

（4）对因征收土地使相邻土地受到损失而给予的补偿。

十四、我国香港地区的征地补偿标准

我国香港地区的补偿标准一般是按照土地收回当日的市场价格确定，如果上述计算的补偿金额不足以补偿业主的实际损失，政府会在法律许可的补偿外追加一笔补偿费。征地补偿包括：

（1）收回土地时的价值。

（2）附属物的价值。

（3）土地或建筑物脱离索赔人的其他土地造成的房屋损失。

（4）合理的搬迁费以及搬迁造成的损失。

十五、小结

从各国（地）情况看，土地征用补偿标准，大致可以分为4类：

（1）按市场价格补偿，即以征地时在公开市场上能得到的出售价格为补偿标准，如英国、美国等大多数市场经济国家。"公平的市场价格"的定义是买卖双方愿意接受的价格。虽然这些国家都是以被征土地和相关资产的市

场价格为主要参考标准,但在市场价格的计算时间上仍有差异。主要有以下几类:

一是政府征地正式通告发布日的市场价格。

二是最终裁决日的市场价格。

三是正式征用日的市场价格。

四是若干年前的被征土地的市场价格。

(2)按裁定价格补偿,指按法定征用裁判所或土地估价机构裁定或估定的价格补偿,如法国以所征土地周围土地的交易价格或所有者纳税时的申报价格为参考,由征地裁判所裁定补偿标准。

(3)按法定价格补偿,指按法律规定的基准地价或法律条文直接规定的标准补偿,前者如韩国,在执行公示地价的地域,土地补偿额以公示的基准地价为准(有时要根据实际情况予以修正);后者如瑞典有关法律规定,对征地补偿价格的计算,是以10年前该土地的价格为准。

(4)按纳税申报价格补偿。有些国家还以所有者纳税时的申报价格作为确定补偿费参考价格。

第二节 征地补偿的方式

在市场经济条件下,财产价值及其价值损失均可用金钱的价值尺度评价,而且金钱是一种融通性最高的资产,对受偿人而言,接受金钱补偿可以灵活运用。因此,国际上通行的补偿方法,一般以现金补偿为原则。但考虑到目前现金补偿在土地评估技术不足和地价上涨的情况下,若被征者所得到的补偿费无法维持其原有的生活水平,各国也制定了一些辅助补偿方式,以弥补现金补偿的不足。

一、法国

公用征收的补偿原则上用货币支付,近年来也出现实物补偿方式。如家庭耕作土地被公用征收时，征收单位应为家庭成员提供同样条件和设备的土地；公用征收生活用房时，征收单位必须为承租人安置合适的住房，同时补偿他们的搬家费、安置费和其他损失。

二、日本

日本的补偿方式多种多样，除现金补偿以外，还有替代地补偿（包括耕地开发、宅地开发，即在被征者的要求下，土地需用人另造耕地和宅地以代替补偿金的部分和全部）、迁移代办和工程代办补偿（即被征土地上有物件时，在被征者的要求下，由需用土地人迁移该物件，以代替迁移费的补偿；或残余地须新建、改建、增建、修缮通路、沟渠、围墙、栏栅或其他工作物，并须堆土、挖土时，在被征者的要求下，由需用土地人完成上述工作，以代替工程费的补偿）。

三、德国

德国的征地补偿方法，除现金补偿外，亦有代偿地的补偿，代偿权利的补偿，内容与日本的替代地补偿和迁移补偿及工程代办补偿大致相同。

四、我国台湾地区

我国台湾地区的土地补偿方法除现金支付和发放土地债券外，还可由土地所有权人提出书面申请发给折价地（即代偿地）抵付的辅助补偿方法（严星、黄安褆，2001）。

第三节 征地补偿支付时间

一、先行支付

无论是现金补偿还是实物补偿，或债券补偿，通常应当在土地权利人失去权利之前支付。这是绝大多数市场经济国家的做法，例如韩国、日本、意大利等。有些国家是先由土地征用单位提供一个初步补偿金额，例如加拿大的阿尔伯达省先由征用单位提出"建议的补偿"。土地征用者在进行完地产评估之后，将评估通知，也就是"建议的补偿"通知土地所有人。土地所有人对补偿可以接受也可以不接受。接受的话，也不影响土地所有人向法院提起诉讼，要求增加对土地的补偿。同样在我国香港地区，对于受影响的物业租客，政府会在土地权利人失去权利之前支付给相应的补偿金，即使租客不同意这笔补偿金额，政府也仍然先拨出这笔资金让他们做出搬迁安排，但政府会同时提出书面声明，声明接受这笔金额的人仍然可以保留提出要求超额补偿的权利，甚至是向土地审裁处提出诉讼申请的权利。波兰规定，补偿费应当在征地的最终裁决日的14天之内一次性付清。经土地所有权人的同意，在征地裁决成为最终决定之后，对补偿费的评估可以推迟3个月的时间。如果补偿费久拖不付，则颁布征地裁决的机构要发布单独补偿法令。根据民法规定，如果政府延期支付补偿费是要受到处罚的。

二、分段支付

也有些国家出于国家的经济和政治原因，占用土地前仅支付了部分补偿金，其余金额在以后的规定期内支付。

三、先征后付

有些国家当事人是在失去权利后才得到补偿金,但他们同时可以得到失去权利时到获得补偿金之间的利息。如果当事人不接受主管机构对补偿金额的决定,并打算向法院提出上诉,为了不影响征用机构正常进入被征土地,要求征用机构将原定补偿金先存入法院,待法院判决后,再由征用机构补齐。例如新加坡规定,如果当事人不接受地税征收官关于补偿金额的决定,地税征收官可以单方面向最高法院发出申请,由最高法院下令将这笔补偿费存放在法院。如果地税征收官尚未支付补偿费,或未将补偿费存放在法院,则地税征收官除了应支付此笔补偿费外,还应以每年6%的利率支付此笔补偿费在占有土地之日到将补偿费支付给当事人或存放在法院期间的利息。这样既不影响征地机构的工作,又可以较好地保护原有土地所有人和相关权益人的利益。

马来西亚规定,土地征用补偿费应当在政府发布征地最后通知的两年内完成。否则,土地征用就会失去效力。如果在土地被征用或在3个月有效期内没有支付补偿费,就要按每年8%的利息从规定支付日期到实际支付日期计算补偿给当事人(王正立、刘丽[a],2004;许宝健,2006)。

第四节 土地征收程序

世界上大多数国家都实行土地私有制,在各国的土地征收法中,由于涉及个人私有财产,一般都规定了较为严格的征收程序。

一、加拿大的征地程序

加拿大的征地程序是(卢丽华,2000):
(1)建设者首先在当地的媒体上公告征地的内容,任何与征收有关的权利人都可以在公告 30 日后向批准机关提出书面申请,要求举行听证。在一般情况下,非会议副总督都会成立调查委员会进行调查,征地批准机构根据调查结果做出最后的决定。

(2) 批准征地后,征地机构向土地所有者下达征地通知书,土地所有者可以在 30 日内申请征地补偿,选定评估日期。若土地所有者同意,征地机构便可以进入现场进行不动产评估。若其不同意,征地机构可以向市政委员会申请进行赔偿评估。

(3) 如果土地所有者不接受土地赔偿价格,征地机构必须提供"法律出价"服务。若双方仍达不成协议,便可向市政委员会申请仲裁。如果仍然不接受仲裁结果,任何一方均可向法院提起诉讼。

(4) 在补偿问题解决后,征地机构向土地所有者下达使用土地通知书,自通知书下达之日起 3 个月后,征地机构可以使用土地,并且可以请求法院强制执行。如果征地补偿费没有完全付清,征地机构可以在任何时候放弃征收,但必须给予土地所有者赔偿。若征地机构使用土地不符合其原征地的目的,并且没有经过批准机关的批准,征地机构不得将土地售与第三人,土地所有者享有优先购买权。

二、韩国的征地程序

在韩国,为了保证公共用地的顺利取得,先后分别制定了《土地收用法》及《有关公共用地取得及损失补偿的特例法》。用地机关首先根据特例法先行与地主进行协议,如协议成功,便可取得土地;如协议不成功,再根据收用法强制取得土地。具体的征收程序是韩国建设部必须对起业人的公益事业进行认定,通过认定之后,起业人必须在 1 年之内与土地所有权人协议取得土地,如果协议不成,可向土地收用委员会申请裁决。在土地收用委员会裁决之前,先由该委员会派出 3 人组成的小委员会与当事人进行和解协商,如无法达成协议时,再进行裁决。裁决之后如有不服,可向中央土地收用委员会申请异议,如再不服异议裁决,则可以依法在 1 个月内提起行政诉讼(欧海若、吴次芳,1999)。

三、法国的征地程序

法国的土地征收程序分为行政阶段和司法阶段。行政阶段要认定公用征收的目的和可以转让的不动产,而司法阶段则主要解决征地补偿争议,即不动产所有权转移和补偿金的确定。当事人如果对公用征收法庭做出的不动产所有权转移的裁判不服,有权向最高法院提起复核审诉讼;如果是对补偿金额的裁决不服,则可以上诉于上诉法院公用征收庭,若对上诉法院的裁判仍不服,有权向最高法院提起复核审诉讼(覃卉,2006)。

四、德国的征地程序

在德国,土地征收程序分为事业的认定、应征土地的确定、补偿金的确定和征收的完成4个阶段。征收的适法性由联邦行政法院审查,而补偿争议则由普通法院管辖(王以高,2004)。

五、日本的征地程序

在日本,土地征收程序包括7个阶段(覃卉,2006):举办事业的准备、举办事业的认定、土地的限定、征收协议、补偿金的裁决、补偿金的给付和征收的完成。若对土地收用委员会的收用裁决不服,当事人可以依据《土地收用法》向内政部长提起诉愿,也可以向行政裁判所提起行政诉讼。如果对土地补偿金不服,起业人或土地所有人则应根据《行政诉讼法》对当事人提起诉讼。

第五节　土地增值分配

一、美国

美国实行土地"开发权转移制"(Transfer of Development Rights, TDRs)。土地开发权制度,自20世纪60年代末开始在美国纽约州一些社区自发地实行,后来扩展到20个州,并在一些地方受到法律规范。其要点是在一个社区内,按照规划进行开发的土地所有者,必须向按照规划加以保留的土地(农地、林地、开阔地等)所有者手中购买足够份额的土地开发权指标,方可进行土地开发(周诚,2006)。这意味着,每一块土地都平等地拥有等量的土地开发权指标。如果因规划而使一些土地的实际开发受到限制,便应当由获得实际开发权的土地所有者给予补偿。在实行这一制度时,又将其土地开发权称之为"可转移的土地开发权"。

此外,在美国的一些州,还实行土地"开发权购买"(Purchase of Development Rights, PDRs)。其做法主要是,由地方政府出资,付给一些拟保护的农地以及一些空旷土地、自然资源等所有者足够费用,将其开发权收购归政府所有,以便弥补土地所有者所损失的机会利益。由于政府受资金的限制,实行 PDRs 的明显少于实行 TDRs 的(周诚,2006)。根据部分学者认为,实行这一制度,保证各个所有权人以及所在不同位置的各宗土地,彼此发展机会均等及权益机会均等——不会有人特别受益,亦不会有人特别受损。因此,对于美国的这种创新,值得我们国家借鉴和重视。

二、英国

对于农地转用增值,英国在"涨价归农"制与"涨价归公"制之间变换。为了克服长期实行"涨价归农"制之弊,英国工党政府曾经于1947年至1953年实行土地开发权国有化,即政府通过征收土地开发权(Development Charge)将土地增值全部收归国有。但是,此种举措未能长期坚持,除了执政党更替之外,最根本的原因是此种政策造成了地产市场萎缩而不得不放弃,即恢复"涨价归私"制(周诚,2006)。英国的此举表明,它看到了"涨价归私"制之弊,而企图通过"涨价归公"来兴利除弊,但"涨价归公"制的极端性——完全否定土地所有者的开发权,不能保障失地者的基本利益,从而使其无法适应市场经济的需要,在实践中碰壁而归于失败。综合而言,英国走过的道路无非是在"涨价归农——涨价归公——涨价归农"中循环往复。

三、韩国

在20世纪70年代中期以前,韩国因过分关注经济增长,出现了地价快速上涨、土地投机、土地私有权集中化等一系列问题。自1970年以来,韩国政府为解决土地问题,相继制定了由于地方政府投资兴建各种基础设施、公共工程、房地产价一系列土地政策,其中对土地增值采取的税收政策就是诸多税收政策手段中的一个重要方面。

韩国的土地增值税体系中主要有以下几种税种(周昭霞,2005):

(1)特别增值税。是指对法人所有的土地因转让而发生转让所得时所课征的一种税。其课税税基是因课税对象资产的转让而发生的转让差价。转让差价=转让价款-取得时的价款-转让费用-取得时的价款×物价上涨率(最高5%)×持有期限。特别增值税的税率,在未登记转让时以35%计,其他情况以25%计。特别增值税的实施对抑制土地投机,回收土地开发增值收益起到了良好的作用,但由于这种转让所得税制不能公平地回收土地开发收益,导致了土地的长期保有,从而抑制了土地供给。

(2)估计取得税。估计取得税是指因土地地目变更(如土地形态变更、树木采伐、矿山开采等)而导致地价上涨时,将上涨部分看做重新取得的土地而课征的税。其课税的税基是经过审批后开发的土地价格的增加额。估计所得税不分课税对象,一律适用25%的税率。

（3）土地超额利得税。其课税的对象限于闲置土地和法人的非经营用地。土地超额利得部分是指在课税期间发生的，从开发收益中减去开始的正常地价额、金融机关的定期为3年，税率为50%。这一税制在韩国受到了严重的抵抗，原因是该税种是对未实现利益的课税，当地价下降时，先前交纳土地超额利得税的纳税人要求退款。另一方面，闲置地或非营业用地难以界定，公示地价的计算也存在问题。

（4）土地开发负担金。所谓土地开发负担金，是指经国家、地方自治团体审批后实施的宅地开发、工业密集区建设等土地开发项目，产生超过全部开发事业总费用的开发利益时，国家对其课征的税金。土地开发负担金是按开发项目完成后的地价减去原地价、开发期正常地价的上升额及开发费用后的差额的50%计征，在开发事业完成后的3个月之内缴纳。

四、意大利

从1973年开始，意大利全面推行土地增值税，凡不动产出让、继承、赠与而实现的资产利得，通过每隔10年一次对不动产业主进行的评定而呈现的资产利得均征收不动产增值税，税率为3%~30%。此前，意大利曾征收建筑用地增值税。建筑用地系指一切可供建筑的土地，课税标准为课税日与基准日的土地市价之差，课税日期为：建筑用地转让日、建筑用地开始利用日、上次课征后届满10年之日，税率为15%~25%。意大利还曾征收特别受捐税，其中的中央受捐税为：凡因受中央政府举办工程影响而增值的不动产，均按增值额课税25%；地方政府受捐税为：凡受地方公共与公益事业之影响而获得增值的不动产，按最高税率33%的标准征税。自1972年起，上述增值税与受益捐均已废止，而统一实行土地增值税（许宝健，2007）。

五、我国台湾地区

1954年，我国台湾地区为改革土地制度制定了《实施都市平均地权条例》，明确规定：为实施"涨价归公"，土地的自然增值，应于土地所有权转移收归公有。在这一指导思想下,我国台湾地区土地增值税制不断完善,已成为台湾地方政府财政收入的主要税收来源。

现行的我国台湾地区增值税分为3种(周昭霞,2005):

(1) 转移土地增值税。它是指对因土地所有权发生转移而取得的收益所课征的一种税。课税的税基是根据土地转让的申报价格与上一次转让申报价格之间的差额确定土地增值,按一定的比例采用累进税制征收。规定如果土地为有偿转移的,土地增值税的纳税义务人是原有权人;如果土地为无偿转移的,为取得所有权人。

(2) 设定典权土地增值税。对于设定典权的土地,于土地所有权转移时,按其土地涨价总数额征收土地增值税。课税的税基同样是根据土地转让的申报价格与上一次转让申报价格之间的差额确定,按一定比例采用累进税制征收,设定典权的土地,增值税的纳税人为出典人。

(3) 届满10年的定期增值税。对企业或社团所拥有的不动产,即使未发生转移,但占有期超过10年,每隔10年征收一次不动产定期增值税。课税的税基为前后两次课税的政府公告现值之差。

我国台湾地区土地增值税分3级进行征收,具体计算公式见附表1。

附表1 我国台湾地区土地增值税的计算公式

应税级别	计算公式
第一级	应征税额＝土地涨价总数额超过原地价或前次转移申报现值未达100%者×税率(40%)
第二级	应征税额＝土地涨价总数额超过原地价或前次转移申报现值未达200%者×税率(50%)
第三级	应征税额＝土地涨价总数额超过原地价或前次转移申报现值在200%者×税率(60%)

资料来源:尤克介:《我国台湾地区土地税收述评》,《税务研究》1997年第10期。

我国台湾地区自征收土地增值税开始,就一直明确强调土地自然增值公有的政策性税收目标。尽管我国台湾地区通过增值税实施"涨价归公",但我们看到涨价并未完全归公,仅收取了 40%~60% 的涨价部分。

第六节　征地补偿纠纷的解决途径

大多数国家或地区在土地征用的过程中,土地征用的补偿额是由政府主管部门确定的,或由征地机构与所有的当事人协商解决的。如果协商不成,或当事人不满政府主管部门所确定的补偿额,可向法院上诉,由法院做最终裁决。例如像英国,补偿金额的确定既可以通过征地当局和所有的当事人两者之间达成的一致意见,又可以采用土地法庭裁决补偿费。英国与其他国家不同的是设有专门的土地法庭,而多数国家是民事法庭裁决。与英国情况相似的有瑞典的土地法院、中国香港的土地审裁处等。法庭的裁决原则公正、公平地确定补偿,以英国情况为例,英国土地法庭主要是根据下面的原则裁决补偿金额的:

(1) 在征用是强制执行的事实下,没有补偿费。

(2) 地价将采用自愿购买者在开放的市场上购买土地所需支付的数额。

(3) 如果征地目的需要法令认可,那么将不考虑对于任何目的土地特殊的适用或适应性。

(4) 以不合法的、有害于居住者身体健康或有害于公共卫生的方式使用的地产,其价值不予考虑。

(5) 如果一块特定的土地由于缺少市场卖不出去,不能确定它的市价,则补偿费可以参照相当的地块给予占有者的合理成本确定。在一定条件下,根据没有被征地的地价的折旧确定补偿费也可以是有效的。

新加坡与其他国家相比又多了一道裁决程序。该国土地征用的补偿是由地税征收官确定的,当事人如果不同意,可向上诉委员会上诉,委员会在听取了上诉后,可做出确认、减轻、加重、撤销地税官的裁决,或发布其他适当的命令。补偿费金额确定以后,在分配比例上有争议的话,上诉委员一人就可以对当事人有权享有补偿费比例做出决定。通常上诉委员会的决定应当是终局的裁定。但如果诉讼案涉及金额在 5000 新元以上,上诉人或地税征收官可以依据法律就上诉委员会所做的决定中有关的法律问题向法院上诉。其上诉程序与高等法院对民事案件所做决定向上诉法院上诉的程序相同。

上诉法院在处理上述案件时应当给上诉人和地税征收官或他们的代理人提供辩论的机会。上诉法院有权确认、减轻、加重、撤销上诉委员会的决定，或附上法院的意见后让上诉委员会重审。上诉委员会在接到退回的案卷后应按要求进行修改。上诉法院做出裁决是最终裁决。对于上诉法院依法做出的裁决，任何人无权再进一步上诉。

无论是英国、新加坡，还是其他大多数国家，法院通常可判定增加或减少补偿，但也有些国家法院只可判定增加补偿，但不可判定减少补偿。例如印度，民事法院在裁决土地征用补偿金额的纠纷时，判决的补偿金额只能保持不变或高于原定金额，但不能低于地税征收官决定的补偿额。

总的来看，通过司法途径（普通司法途径和专门土地执法机构）解决土地征用补偿纠纷是大多数国家的共同选择（王正立、刘丽 [b]，2004）。

第七节 对我国征地制度改革的启示

由上可见，英、日、德、加等发达国家征地补偿的范围，除土地补偿外，大多将残余地损害、营业损失及其他因征地引起的各种附带损失均列入补偿的范围，而且各国在计算土地财产权补偿的金额时，基本上以土地的市场交易价格作为标准，如日本以交易价格为原则，英国以自愿卖方的公开市场价值为基础，德国根据流通价格确定，使被征者既无法获取暴利，也不致遭受损失，充分体现了公平合理的补偿原则和精神。当前，我国正处于城市化快速发展时期，征地现象十分普遍，因此公平合理的补偿原则和精神应引入我国的征地补偿中，以减少对公民财产权利的侵犯。上述国家或地区还创造性地增设了多项补偿方式，不仅可以促进土地资源的充分利用，还可以减少其政府筹措资金的困难和公众的不满情绪，是调整现金补偿单一化的有力举措。

我国关于土地补偿原则，法律没有作出明确规定，但实际上是按不完全补偿原则进行的。借鉴国外发达国家征地补偿的实践经验，我国征地补偿应按照土地的最高最佳用途进行评估并按照市场价格给予补偿，而不能根据前3年年产值的若干倍来计算。此外，我国的土地补偿应在不完全补偿的基础上逐渐增加补偿的项目，如残余地的分割和相邻土地损害补偿以及其他一切附带损失等。这些项目的损失在目前还难以评估，因而近期还难以实施。但是从长远来看，这些项目的损失还是应该得到补偿的。从补偿方式来看，我国也曾经创设了公地调换、招工安置等补偿的辅助方法。但随着城市化的推进，征地现象十分普遍，公地调换、招工安置等辅助方法由于难以执行已基本被取消，代之以现金补偿。由于我国地域辽阔，农民谋生能力参差不齐，单一的现金补偿难以满足农民的需要，征地的补偿方式应在改革中结合当地实际，不断摸索新的补偿方式。在土地转用增值上，应建立城乡统一的土地所有者和使用者共享社会发展成果的机制，确保社会持续发展。

参考文献

[1] Cledy. M. Perry. A Historical Perspective of Federal Legislation Regarding Vocational Education. Proquest information and learning, 2002 (5)

[2] Ed Nosal. The taking of land: market value compensation should be paid, Journal of Public Economics, 2001 (82)

[3] Fred G. Esposto. The Political Economy of Taking and Just Compensation, Public Choice, 1996, 89 (3)

[4] Gordon I. M. and Knetsch J. L.. Consumer's Surplus Measures and the Evaluation of Resource , Land Economics, Feb, 1979

[5] Kahneman D. Knetsch J. L. and Thaler R. H.. Anomalies, The Endowment Effect, Loss Aversion, and Status Quo Bias, Journal of Economic Perspectives, 1991, Vol. 5. No. 1

[6] Maria Kontos. Self-employment Policies and Migrants' entrepreneurship in Germany, Entrepreneurship and Regional Development, 2003 (15)

[7] Ronald M. Giammarino. Ed Nosal, Loggers vs. Campers: Compensation for the Taking of Property Rights, UBC Working Papers NO. UBCFIN97 - 2, 1996

[8] Stigler, G. J.. The theory of economic regulation, Bell Journal of Economics, 1971, Vol (2)

[9] Viscusi W. K., J. M. Vernon, J. E. Harrington. Economics of regulation and antitrust, The MIT Press, 1995

[10] William A. Fischel and Perry Shapiro. Takings, insurance, and michelman: comments on economic interpretations of just compensation law. Journal of Legal Studies, 1988 (2)

［11］奥尔森. 集体行动的逻辑［M］. 上海：上海三联书店、上海人民出版社，1995

［12］保罗·A. 萨谬尔森等. 经济学［M］. 北京：中国发展出版社，1982

［13］鲍海君，吴次芳［a］. 关于征地补偿问题的探讨［M］. 价格理论与实践，2002（10）

［14］鲍海君，吴次芳［b］. 论失地农民社会保障体系建设［M］. 管理世界，2002（10）

［15］蔡兵备，沈乐毅，杨立新. 杭州市征地制度改革成果及问题研究［M］. 浙江国土资源，2005（1）

［16］陈波翀，郝寿义. 征地补偿标准的经济学分析［M］. 中国农村观察，2004（6）

［17］陈德伟，金岳芳. 征地中的农民土地产权问题［M］. 中国土地，2002（3）

［18］陈江龙，曲福田. 土地征用的理论分析及我国征地制度改革［M］. 江苏社会科学，2002（2）

［19］陈平. 美国社会保障法评析［M］. 青海师范大学学报（哲学社会科学版），2001（2）

［20］陈泉生. 论土地征用之补偿［M］. 法律科学，1994（5）

［21］陈锡文. 中国农村发展的五个问题［M］. 生产力研究，2005（3）

［22］程洁. 土地征用纠纷的司法审查权［M］. 法学研究，2004（2）

［23］程洁. 土地征收征用中的程序失范与重构［M］. 法学研究，2006（1）

［24］邓大松，方晓梅. 美国社会保障信托基金的运行和启示［M］. 中国保险管理干部学院学报，2001（2）

［25］邓永亮. 对现行我国土地征用制度的反思及其创新完善［M］. 调研世界，2006（12）

［26］底亚玲. 基于产权的土地征收增值收益分配探讨［M］. 农村经济，2006（12）

[27] 董沛. 失去土地 [M]. 财经, 2000 (6)

[28] 冯昌中. 中国征地制度的变迁 [M]. 中国土地, 2001 (9)

[29] 冯秋燕. 取消农业税后集体土地征用法律问题研究 [M]. 理论探讨, 2006 (2)

[30] 冯友健. 城市新区土地征用补偿价格确定方法研究 [M]. 浙江大学学报（理学版）, 2007 (3)

[31] 高勇. 失去土地的农民如何生活——关于失地农民问题的理论探讨 [M]. 人民日报, 2004-2-2

[32] 郭洁. 土地征用补偿法律问题探析 [M]. 当代法学, 2002 (8)

[33] 韩俊. 失地农民的就业和社会保障 [M]. 经济参考报, 2005-6-25

[34] 何军. 试析我国土地征收补偿的范围和标准 [M]. 法制与社会, 2007 (3)

[35] 黄天柱. 最低生活保障制度与权利救济 [M]. 浙江社会科学, 2002 (2)

[36] 黄祖辉, 汪晖. 城市发展中的土地制度研究 [M]. 北京：中国社会科学出版社, 2002

[37] 黄祖辉, 汪晖. 非公共利益性质的征地行为与土地发展权补偿 [M]. 经济研究, 2002 (5)

[38] 贾宪威. 征地补偿费的经济分析 [M]. 四川农业大学学报, 1995 (3)

[39] 靳相木. 地根经济：一个研究范式及其对土地宏观调控的初步应用 [M]. 浙江：浙江大学出版社, 2007

[40] 科斯, 阿尔钦, 诺斯等著. 刘守英等译. 财产权利与制度变迁 [M]. 上海：上海三联书店、上海人民出版社, 1994

[41] 雷震. 农村土地征用中的价格博弈分析 [M]. 财经科学, 2006 (8)

[42] 李继峰. 城市新区开发过程中失地农民的权益保障问题研究 [M]. 农村经济, 2005 (10)

［43］李茂雄. 重大公共工程建设土地征收课题之研究［M］. 中兴大学（台湾）硕士论文, 2002

［44］李燕琼. 城市化过程中土地征用与管理问题的理性反思——对我国东、中、西部1538个失地农户的调查分析［M］. 经济学家, 2006（5）

［45］李元. 中国城市化进程中的征地制度改革［M］. 中国土地, 2005（12）

［46］李珍贵. 中国土地征收权行使范围［M］. 中国土地科学, 2006（1）

［47］李治贤. 我国社会养老保险制度存在的问题与对策［M］. 渝州大学学报（社会科学版）, 2001（2）

［48］梁鸿. 农村居民生活风险与保障需求的研究［M］. 上海经济研究, 2000（3）

［49］梁坚. 智利养老保险基金投资运营及其启示［M］. 企业经济, 2001（8）

［50］廖小军. 中国失地农民研究［M］. 北京：社会科学文献出版社, 2005

［51］林毅夫, 蔡昉, 李周. 中国的奇迹：发展战略与经济改革［M］. 上海：上海三联书店, 1994（5）

［52］刘东. 土地征用的过度激励［M］. 江苏社会科学, 2007（1）

［53］刘金荣. 失地农民的贫困、补偿与发展分析［M］. 经济师, 2004（8）

［54］刘伟. 供给管理与我国现阶段的宏观调控［M］. 经济研究, 2007（2）

［55］卢丽华. 加拿大土地征用制度及其借鉴［M］. 中国土地, 2000（8）

［56］鹿心社. 研究征地问题、探索改革之路（一）［M］. 北京：中国大地出版社, 2002

［57］鹿心社. 研究征地问题、探索改革之路（二）［M］. 北京：中国大地出版社, 2003（9）

[58] 路婕. 土地征收中农地市场价值的测算思路 [M]. 中国农学通报, 2006 (12)

[59] 吕丽丽. 我国土地征收补偿制度的缺陷与完善 [M]. 中国国土资源经济, 2006 (5)

[60] 吕振臣. 我国土地征用制度改革的方向判断与政策分析 [M]. 中国行政管理, 2007 (5)

[61] 马驰, 刘莉君. 浙江土地征用中的问题回顾与综述 [M]. 乡镇经济, 2004 (8)

[62] 马克思. 资本论（第三卷）[M]. 北京：人民出版社, 1998

[63] 马贤磊. 经济转型期土地征收增值收益形成机理及其分配 [M]. 中国土地科学, 2006 (5)

[64] 毛飞. 绩效基础管制：一种新型政府治理工具 [M]. 新视野, 2003 (5)

[65] 莫尔豪斯·伊利. 土地经济学原理 [M]. 北京：商务印书馆, 1982

[66] 欧海若, 吴次芳. 韩国的土地征收制度及其借鉴 [M]. 国土经济, 1999 (4)

[67] 钱忠好. 农民土地产权认知、土地征用意愿与征地制度改革——基于江西省鹰潭市的实证研究 [M]. 中国农村经济, 2007 (1)

[68] 邱长生. 中国土地征用补偿制度之功能分析 [M]. 中国农学通报, 2006 (2)

[69] 沈晓敏. 中外土地征收制度的比较与借鉴 [M]. 经济研究导刊, 2007 (6)

[70] 施蒂格勒. 产业组织和政府管制 [M]. 上海：上海三联书店、上海人民出版社, 1996

[71] 覃卉. 我国土地征收程序的完善 [M]. 改革与战略, 2006 (1)

[72] 汪晖. 城乡结合部的土地征用：征用权与征地补偿 [M]. 中国农村经济, 2002 (2)

[73] 王桂芳. 土地征收侵权类型及其法律责任方式析论 [M]. 中国行

政管理，2007（3）

[74] 王国林. 失地农民调查［M］. 北京：新华出版社，2006

[75] 王俊豪. 政府管制经济学导论［M］. 北京：商务印书馆，2004

[76] 王顺祥等. 基于土地社会保障功能的征地补偿标准研究［M］. 国土资源，2004（12）

[77] 王太高. 土地征收制度比较研究［M］. 比较法研究，2004（6）

[78] 王正立，刘丽［a］. 国外土地征用补偿标准、方式及支付时间［M］. 国际动态与参考，2004（8）

[79] 王正立，刘丽［b］. 国外土地征用补偿程序及纠纷解决［M］. 国际动态与参考，2004（9）

[80] 温铁军. 中国农村基本经济制度［M］. 北京：中国经济出版社，2000

[81] 吴建军. 政府管制的产权分析［M］. 北京：中国财政经济出版社，2007

[82] 吴岩. 论美国联邦政府在高等职业教育中的政策取向［M］. 比较教育研究，2005（9）

[83] 忻梅. 征地补偿改革探析［M］. 资源·产业，2004（5）

[84] 熊文钊，曹旭东. 依法规范"条块关系"［M］. 瞭望，2007（50）

[85] 徐再生. 改革完善征地制度维护农民合法权益［M］. 浙江国土资源，2003（1）

[86] 许宝健. 城市化进程中的农地转用问题研究［M］. 北京：中国农业出版社，2006

[87] 许坚. 论我国两种性质的征地补偿标准［M］. 中国土地科学，1996（增刊）

[88] 薛刚凌，王霁霞. 土地征收补偿制度研究［M］. 政法论坛（中国政法大学学报）

[89] 严星，黄安褆. 大陆与港澳台地区土地征用法律法规比较研究，载林增杰等编著，中国大陆与港澳台地区土地法律比较研究［M］. 天津：天津大学出版社，2001

[90] 杨春禧. 论征地程序改革与和谐社会构建 [M]. 四川社会科学研究, 2005 (5)

[91] 杨盛海, 曹金波. 城市化进程中的失地农民问题对策探析 [M]. 中国农村研究网, 2004 – 09 – 20

[92] 杨文静. 土地征用补偿制度的国际比较及借鉴 [M]. 农场经济管理, 2006 (1)

[93] 叶剑平. 中国农村土地产权制度研究 [M]. 北京: 中国农业出版社, 2000

[94] 叶正繁. 金华市征地制度改革的实践与思考 [M]. 浙江国土资源, 2005 (3)

[95] 于建嵘. 当代中国农民维权组织的发育与成长 [M]. 中国农村观察, 2005 (2)

[96] 余纪云. 从征地补偿安置的历史演变看征地补偿安置理念的转变 [M]. 河南国土资源, 2006 (1)

[97] 苑韶峰. 中外土地征用补偿制度的比较与借鉴 [M]. 价格理论与实践, 2006 (10)

[98] 张合林. 城市化进程中土地征用制度的经济学分析 [M]. 上海经济研究, 2006 (3)

[99] 张合林. 试论土地征用中的合理补偿机制 [M]. 生产力研究, 2006 (9)

[100] 张建生. 浅论农地转用指标市场化流转 [M]. 中国土地, 2005 (8)

[101] 张静. 土地使用规则的不确定: 一个解释框架 [M]. 中国社会科学, 2003 (1)

[102] 刘田. 想想农民的利益 [M]. 中国土地, 2001 (9)

[103] 张小铁. 市场经济与征地制度 [M]. 中国土地科学, 1996 (1)

[104] 赵锡斌, 温兴琦, 龙长会. 城市化进程中失地农民利益保障问题研究 [M]. 中国软科学, 2003 (8)

[105] 郑风田, 孙谨. 从生存到发展 [M]. 经济学家, 2006 (1)

[106] 植草益. 微观管制经济学 [M]. 北京：中国发展出版社，1992

[107] 周其仁. 放弃农地的代价 [M]. 21世纪经济评论，2001-8-31

[108] 周其仁. 农地产权与征地制度 [M]. 经济学（季刊），2004（10）

[109] 周迎杰. 论我国土地征收与补偿之完善 [M]. 湘潭师范学院学报（社会科学版），2007（3）

后　记

　　本书是在全国教育科学"十一五"规划课题"失地农民教育培训体系及政策支持系统研究"（课题编号：DKA070137）、教育部人文社会科学项目"农村护地组织成长与征地制度改革研究"（课题编号：07JC630036）以及浙江省哲学社会科学规划重点课题"浙江省征地补偿改革与失地农民社会保障体系建设研究"（课题编号：06CGGL02Z）成果的基础上提炼而成的。

　　在田野调查过程中，得到了浙江省衢州市国土资源局田俊副局长、金华市武义县政协李德臻副主席、丽水市莲都区国土资源局魏兴副局长、台州市玉环县国土局统征办林建平主任、杭州市桐庐县国土资源局土地交易中心胡群主任的帮助。参与调查的有浙江财经学院2004级工程管理专业本科生杨芳、汤璐以及2006级农林经济管理专业本科生余赛尔、王一琴、吴健、何其龙等同学，在此一并致谢。

　　在研究工作过程中，得到了浙江财经学院工商管理学院陈惠雄院长等领导的大力支持，得到了浙江财经学院不动产研究所徐保根所长、浙江大学公共管理学院土地管理系吴宇哲副主任、国土资源部中国国土资源经济研究院余振国主任的指导。本书成稿过程中，得到了浙江财经学院科研处张国平处长的精心指导和杨红伟老师的热心帮助，在此表示衷心的感谢。

　　本书的顺利出版，还要感谢浙江省首批哲学社会科学重点研究基地——浙江财经学院政府管制与公共政策研究中心的资助以及经济管理出版社责任编辑的辛勤劳动。

鲍海君

2008年6月